i Solferini

MARCELA TURATI
CLAUDIO LA CAMERA

Una strage silenziosa

Il Messico insanguinato e la ricerca dei sepolti senza nome

Introduzione di Nando dalla Chiesa

Traduzione dei testi originali in spagnolo
di Maria Ficara

SOLFERINO

SOLFERINO

www.solferino.it

ISBN 978-88-282-1486-1
Prima edizione: giugno 2024

Una strage silenziosa

Introduzione
Giornalismo in Messico. Dentro la storia-mattatoio

di Nando dalla Chiesa

Questo libro conferma la dura verità di ogni epoca. La storia umana è un'infaticabile fabbrica di invenzioni. Ci riserva i prodigi mirabolanti del sapere scientifico, del cammino millenario dell'*homo sapiens*. E insieme i sempre nuovi orrori della storia-mattatoio di Hegel, dell'uomo come bestia civilizzata.

Più precisamente ci mette di fronte senza veli a una tragedia che il mondo tende tenacemente a ignorare, quella di un paese popoloso inserito a pieno titolo nel novero delle democrazie del Novecento, in preda a una violenza senza fine.[1] Un paese che nella sua capitale sfoggia un Museo della Memoria e della Tolleranza o un Museo della Costituzione esemplari per la civiltà contemporanea. In cui i grandi giuristi o filosofi del diritto sono acclamati quasi come pop-star. O i cui giovani non devono pagare tasse per accedere agli studi universitari. E in cui l'abicì della civiltà viene però scardinato e sfregiato impunemente ogni giorno. Questa contraddizione, che precipita nelle voragini di atrocità descritte nelle pagine seguenti, si sviluppa nelle forme più acute davanti a tutta l'opinione pubblica mondiale, quella che in sede politica produce solennemente sempre nuovi diritti e sempre più alti principi. E che tuttavia assiste qui imperturbabile alla nascita, alla diffusione, all'incrudimento di scenari di ferocia inimmaginabile.[2]

C'è il Messico di oggi, in questo libro. Non nella sua interezza, fatta di molto altro, certamente, come si è appena accennato. C'è però nella sua faccia peggiore, che ne è purtroppo elemento determinante e costitutivo. Come sanno benissimo i governi dei trentadue stati messicani che ci si devono misurare o che spesso ne dipendono. Come sanno benissimo i leader politici, che si confrontano con bacini elettorali intrisi di sangue per cercarvi i voti o per arginarne la forza di intimidazione, sfociata nell'ecatombe di candidati alle ultime elezioni. Come sanno le grandi imprese che se ne servono per fini indicibili. O, sul fronte opposto, le donne che si organizzano per difendersene, essendone spesso le vittime preferenziali.[3] Come sanno infine i milioni (proprio così...) di cittadini la cui vita familiare o le cui relazioni di amicizia o di lavoro sono state sconvolte da una delle duecentomila morti di una guerra mai dichiarata o da una delle quasi centomila cosiddette «sparizioni forzate» che hanno costellato in misura crescente la vita di questa nazione disgraziata, «così lontana da Dio e così vicina agli Stati Uniti».[4]

Ma come sanno ormai pure centinaia di giornalisti, categoria professionale in cui precipitano i dolori e le speranze di questo libro. Non per nulla il Messico, pur senza essere una dittatura, gareggia con la Russia per numero di giornalisti uccisi. Dal rapporto di «Articolo 19», scopriamo che sono 163 dal 2000 a oggi.[5]

I giornalisti, dunque, punto di partenza delle nostre nuove, spaventose, consapevolezze. E al tempo stesso, come spiega l'inedito impasto di ferocia e delicatezza a cui ci mettono di fronte i loro gesti e il tipo di professione che sono costretti a scoprire – e a cui coraggiosamente si convertono –, punto di arrivo di tutto. Estrema linea di difesa dei valori umani e civili. Specchio eroico del male assoluto.

Un male che si scolpisce biblicamente nella nostra coscienza attraverso due parole: *desaparición* e, ancora di più, *búsqueda*. La prima ci parla di un fenomeno a cui, sul piano concettuale, ci siamo purtroppo assuefatti.[6] Non solo per il modo in cui abbiamo progressivamente ricostruito il nostro immaginario della società messicana. Ma perché, ancor prima, si tratta di un fenomeno per nulla estraneo alla tradizione delle principali forme di criminalità organizzata cresciute in Italia. Non è estraneo alla storia dei clan calabresi.[7] Meno ancora è estraneo alla più conosciuta storia di Cosa Nostra siciliana.[8]

Attraverso i libri neri di queste organizzazioni abbiamo cioè già imparato a misurarci, sia pure nei piccoli numeri, con la «scomparsa». Del «picciotto», del traditore, del nemico, dell'imprenditore, dello stesso giornalista (si pensi al caso di Mauro De Mauro, giornalista de «L'Ora» a Palermo, nel 1970)[9]: tutti fatti finire, secondo il gergo d'occasione, «chissà dove». Sotto terra, in una colata di cemento, in fondo al mare, in un bidone di acido, in pasto ai maiali. Un fenomeno entrato in letteratura con un'espressione specifica: «lupara bianca». Per dire assassinio che non lascia ingombranti macchie di sangue. Giovanni Falcone ne spiegò la ragione nel suo libro-intervista a Marcelle Padovani. La scomparsa, disse, serve ad attutire gli effetti della violenza, poiché la mafia non uccide mai inutilmente. Lo fa platealmente solo quando non può raggiungere il suo obiettivo altrimenti. Ma se la vittima designata può essere avvicinata e presa a tradimento, non è necessario spargere sangue. La si fa scomparire. Così la famiglia potrà sempre sperare, e soprattutto potranno tergiversare le istituzioni, sottoposte a una minore pressione a reagire dall'alto o dall'opinione pubblica.[10]

In Messico la scomparsa porta spesso in sé questa strategia di «derubricazione» della violenza. Così da ridurne l'impatto sociale e potere «amministrare» la disperazione delle famiglie. Non per nulla le molte sparizioni femminili di Ciudad Juárez, al confine occidentale con gli Stati Uniti, sono state oggetto di queste narrazioni minimizzatrici. Ancora nel 2019 mi venne detto direttamente da un prestigioso giurista di Città del Messico che in realtà quelle sparizioni nascevano da abbandoni familiari da parte di donne in cerca di migliori opportunità di vita oltre frontiera o attratte da relazioni extraconiugali.

Tuttavia le dimensioni del fenomeno hanno ormai imposto su un piano generale ben altre narrazioni. Ci si è interrogati a lungo sulle ragioni vere di queste sparizioni forzate. Sono i *narcos*, si è detto. Che uccidono nelle lotte intestine o eliminano oppositori e persone scomode e poi ne nascondono i cadaveri, anche se questo in parte confliggerebbe con la teatralità bestiale e simbolica de *los Zetas* e di altri gruppi.[11] Oppure sono i *narcos* che catturano giovani uomini per obbligarli a servire nelle loro file. Come «soldati semplici», come postini della droga, ma anche come portatori di abilità specifiche e pregiate particolarmente utili alle bande assassine: medici, ingegneri, chimici, elettricisti, geologi perfino. O i *narcos* che catturano giovani donne per immetterle e sfruttarle nel grande mercato della prostituzione.

Si è anche detto di più, e di più orribile: che i morti fossero materia prima obbligata per alimentare il redditizio commercio degli organi. Tutte ragioni attendibili, ma in grado di spiegare solo entro certi numeri. Un certo quantitativo di professionisti, un certo quantitativo di donne, un certo quantitativo di organi. Sennonché la congruità dei numeri è del tutto saltata da tempo. Quanti medici, quanti ingegneri, quanti postini servono ai *narcos*? Quanti organi riescono a commerciare, visto poi che di questo commercio non si trovano praticamente tracce?

Si è allora chiamato in causa un altro attore. Si è aggiunto cioè che le sparizioni forzate sono spesso attribuibili a uomini delle istituzioni, come sembra dimostrare la vicenda paradigmatica degli studenti di Ayotzinapa del 2014, a cui nel libro si fa bruciante riferimento. Poliziotti, soldati, sindaci, servizi segreti. Per ragioni di complicità con i *narcos*. Per essere essi stessi direttamente coinvolti nel crimine organizzato e quindi determinati a perseguire l'impunità a ogni costo eliminando chiunque sappia o ostacoli od opponga resistenza. Si sono infine chiamate in causa le grandi imprese multinazionali, impegnate a tirar fuori dal sottosuolo messicano ogni tipo di risorse, dal petrolio all'oro al litio.

Abusivamente e quindi ricorrendo alla violenza, per sopprimere le voci critiche e proteggere interessi e immagine davanti alla legge o all'opinione pubblica, soprattutto dei nativi. Oppure le stesse grandi imprese, multinazionali o meno, indisponibili a riconoscere ai propri lavoratori i diritti previsti nelle carte internazionali o nei codici nazionali. Si è indicato insomma, in più, quel complesso di soggetti e di pratiche che viene ricondotto – con efficace espressione – all'«estrattivismo criminale».[12] Di cui i *narcos* potrebbero essere la manovalanza, ma che potrebbe anche rinviare all'azione di mercenari armati al servizio di interessi privati.

Si è insomma formato negli anni recenti un panorama di cause possibili in grado, con la sua terrificante realtà numerica, di consegnarci l'ipotesi più drammatica. Che la sparizione sia cioè diventata in Messico una forma di risoluzione dei conflitti o addirittura delle tensioni sociali, comunitarie, sindacali, perfino interfamiliari. Con i *narcos* che aprono la strada e gli altri soggetti che li emulano, dapprima fiancheggiandoli poi agendo in autonomia. Perché, d'altronde, non adottare uno strumento di lotta e prevaricazione così efficace in una società il cui territorio non è controllato dalla legge e in cui le forze dell'ordine vengono spesso arruolate a tempo determinato, o in cui così ampio è, specie in alcuni Stati, lo spettro della corruzione, anche tra le divise istituzionali? Una suggestione in tal senso ci viene data dalla stessa ricerca citata nel testo. Secondo i dati raccolti dai giornalisti, infatti, è possibile tracciare un'identità media degli scomparsi: giovani, fragili, precari. Persone senza forza contrattuale, propria o delle proprie famiglie. Studenti poveri, migranti, donne delle periferie urbane, commercianti ambulanti...

Ecco, è questa scomparsa, questa *sparizione* intesa non tanto come episodico, anche se frequente, fatto criminale, ma piuttosto ormai come *fatto sociale*, che ci giunge del tutto sconosciuta. Ed è la sua enormità che genera l'altro secondo e più grande fatto sociale che origina il libro e lo trasforma in un pugno nello stomaco per il lettore. Sempre che, naturalmente, egli non eviti di farsi colpire voltandosi continuamente da un'altra parte.

Si chiama *búsqueda* questo fatto, come abbiamo visto. Ossia ricerca. Che pianta una nuova feroce bandiera nella idea umana della giustizia e della memoria. Nella esperienza italiana, pur formatasi in presenza di organizzazioni criminali forti e spietate, la promessa più impegnativa che il familiare fa al proprio caro ucciso è infatti «*ti darò giustizia*». Lotterò perché ti sia resa giustizia nei tribunali e se possibile nella storia, come racconta la vicenda di Felicia Impastato, immortalata nella narrativa civile e nel cinema.[13] O anche quella di Francesca Serio, la madre del sindacalista Salvatore Carnevale.[14] O come raccontano molte altre storie ancora. Qui invece la promessa esistenziale, alla quale sacrificare se necessario anche la vita, è «*ti troverò*». Dovunque ti abbiano messo e nascosto, il tuo corpo o i tuoi resti, io ti troverò. Per amore. Lo farò da sola o da solo, oppure organizzando la mia ricerca con gli altri familiari, che altre sparizioni hanno privato un giorno dei loro cari. E il pegno della mia promessa è questa maglietta bianca che porto addosso e che dismetterò nella vita solo se e quando ti avrò trovato. La sfida suprema e quasi impossibile della giustizia diventa il ritrovamento del corpo. Il resto è un di più che va oltre l'immaginazione e le speranze del familiare, proprio come la situazione in cui egli è costretto ad agire va oltre l'immaginazione di una democrazia.

La *búsqueda* messicana irrompe dunque nella nostra coscienza come pratica sconvolgente a noi sconosciuta. Lo è nella sua dimensione di massa, nel suo essere proiezione di un fatto (tragico) che ha conquistato negli scenari sociali una sua prevedibilità, una sua – sia pur minoritaria – normalità. Che genera, come ci viene ben spiegato nelle pagine che seguono, non solo effetti profondi e irreversibili negli stati emotivi di individui e comunità, ma anche leggi e relazioni sociali, forme di comunicazione pubblica e privata, modelli di azione collettiva, nuove gerarchie negli obiettivi di vita, veri e propri aggregati sociali, come sempre più documenta l'analisi sul campo di sociologi e antropologi.[15] E che origina anche tecnicalità e saperi specifici altrimenti impensabili.

Un fatto che dà vita anche, ecco il punto assolutamente cruciale del libro, a una inedita, straordinaria forma di giornalismo. Che sembra provenire da un film di fantascienza nera e invece esplode nella durissima materialità della vita quotidiana nel Messico del nuovo millennio. E che non sarebbe comprensibile se non si riflettesse sul ruolo cruciale giocato nel Messico odierno da quello speciale gruppo socio-professionale che sono i giornalisti. Ho riflettuto spesso con amici, a partire da Claudio La Camera, curatore del libro, sulle differenze tra l'esperienza messicana e l'esperienza italiana (per più aspetti incomparabili, certo) della lotta al crimine organizzato. E ogni volta, facendo l'elenco delle difese e degli argini che hanno operato con successo in Italia, ho riscontrato la loro quasi totale assenza in Messico. Una magistratura indipendente, forze dell'ordine di alta professionalità e fedeltà istituzionale, una scuola pubblica di qualità, uno Stato centrale in grado di imporsi sui territori a più alta densità criminale. Tutto assente o ridotto ai minimi termini.

Ed è questo vuoto di difese istituzionali e sociali che ha finito per caricare il giornalismo messicano, la sua azione di denuncia e di contrasto, di una responsabilità elevatissima, come testimonia il prezzo da esso pagato alla propria missione. Il giornalismo di *búsqueda* ne è l'estrema conferma. In esso la professione assume infatti non solo la funzione (centrale e rischiosissima) del racconto ma anche quella di affiancamento morale, psicologico, dei familiari dei *desaparecidos*, di cui – per usare una felice espressione a cui è ricorso proprio Claudio La Camera durante una nostra conversazione privata – si fa quasi «angelo custode», condividendone dolori, affanni e speranze, in un accumularsi progressivo, e talora insostenibile, di emozioni. Come disse a Marcela Turati Mirna Nereyda, attivista de *Las Rastreadoras* a El

Fuerte, nello stato di Sinaloa, «con voi ci sentiamo protette, adesso sappiamo che c'è qualcun altro che cerca, esattamente come noi, e questo per noi è importantissimo».

Mi è capitato di osservare nel «Laboratorio di giornalismo antimafioso» istituito dal 2011 presso la facoltà di Scienze politiche dell'Università degli Studi di Milano che ogni epoca, ogni contesto forgiano le proprie specifiche forme e specializzazioni di giornalismo. Anche se talora lo stesso giornalismo appare inconsapevole di questa verità quando è chiamato a formare, attraverso le proprie scuole, i suoi nuovi quadri,[16] sta di fatto che esso ha nella sua storia allevato, implementato, o al contrario «asciugato», specializzazioni e conoscenze. Dall'economia all'ambiente, dalla giustizia alla medicina. Sulla spinta dei contesti. Che negli anni Cinquanta e Sessanta hanno fatto degli inviati di guerra una categoria pregiata e *prevista* dei professionisti dell'informazione. Per poi assottigliarne l'incidenza numerica e «politica» salvo cicliche eccezioni; e farli riscoprire e salire di nuovo ai vertici del prestigio e della considerazione in occasione della guerra in Ucraina.

Ebbene con questo libro dobbiamo prendere drammaticamente atto che, insieme a tante altre cose, nel Messico contemporaneo è nato il giornalismo di *búsqueda*. Marcela Turati, Aranzazú Ayala Martínez, Marcos Vizcarra, Julia Varley con Claudio La Camera, ci restituiscono con i loro scritti una creatura professionale quasi mitologica che suscita nel lettore un misto di stupore, angoscia e ammirazione. Composta di decine e decine di giornalisti che nel 2016 decidono di resistere all'ingiustizia e di farsene testimoni costruendo la loro rete, soggetto collettivo che diventa faro morale e speranza là dove l'umanità e la civiltà si inabissano sotto il peso del crimine, della corruzione e dell'indifferenza. Una rete che si affianca a quella dei familiari dei *desaparecidos* con il proposito di documentare le forme e le proporzioni della tragedia ma anche di aiutare – nei campi come sulle alture – la *búsqueda* delle donne e degli uomini dalle magliette bianche, di fare vincere almeno ad alcuni di loro la disperata promessa «ti troverò».

Si tratta di giornalisti i cui più noti esponenti sono in maggioranza donne, come donne sono le vittime di alcune tipologie di sparizione, e come donne sono soprattutto coloro che hanno innervato negli anni il movimento dei familiari delle vittime. Giornalisti che hanno scelto di dotarsi delle conoscenze materiali, delle tecniche informative (perfino l'uso dei droni), dei saperi scientifici necessari per affrontare la sfida lanciata loro dalla storia del proprio paese. Imparare a raccogliere i dati relativi alle persone scomparse, a costruire e organizzare moduli e schemi di rilevamento sempre più ampi e completi. Imparare a mappare le fosse clandestine sul territorio e sui singoli sub-territori. A scoprire i luoghi delle possibili sepolture illegali, anche a partire dalla morfologia del terreno o dagli odori. Imparare il «che fare» e i pericoli delle singole situazioni, a costruire sistemi di relazioni anche clandestine con i potenziali informatori. Imparare a descrivere al di là delle emozioni. Imparare anzi per quanto possibile a dominarle, quelle emozioni, perché poi «si scoppia».

Perché a un certo punto, «dopo due anni», come viene spiegato, il corpo e la psiche non riescono più a contenere la quantità di dolore che si è andata immagazzinando negli occhi e nelle orecchie, perfino nell'olfatto. «Sento sulla mia carne il dolore altrui», confessa Martha Silva, reporter di Guanajuato. Si realizza così uno dei più grandi, nobili processi di autodidattismo che sia dato conoscere, che vede quasi un centinaio di giornalisti abbeverarsi per missione (la *búsqueda*...) al sapere degli ortopedici come degli antropologi forensi.

Ho avuto l'onore di conoscere alcuni di loro. Di riuscire a portare a lezione a Scienze politiche Marcela Turati, forse l'esponente di maggiore spicco ed esperienza di questa folta pattuglia dell'onore e del coraggio,[17] poiché sarebbe perfino riduttivo invocare in questi casi l'immagine della «schiena diritta». Li ho incontrati a Città del Messico in una cerimonia di premiazione nel tardo autunno del 2021. Cinque o sei, non ricordo esattamente quanti, giunsero a metà pomeriggio nella storica villa di Porfirio Díaz nel grande quartiere di Coyoacán, dove ha sede l'Istituto messicano per la giustizia. In un luogo chiuso e recintato ma controllato da una sola guardia giurata entrarono in allegria per ritirare quel premio. Nessuna o nessuno di loro disponeva di scorta. Dissero parole semplici. Si produssero in ringraziamenti pieni di sorrisi e di umorismo, tenendosi abbracciate e abbracciati come sorelle o fratelli. Non spesero una sola parola né ostentarono un solo gesto silenzioso per raccontare le fatiche, i pericoli, i rischi. Mentre li ringraziavo e dichiaravo loro la mia stima dal palco in rappresentanza della Cattedra Falcone-Borsellino di Città del

Messico,[18] mi sentii preso da una ammirazione senza fine. Né potei esimermi dal fare qualche fulmineo, istintivo confronto con la realtà italiana e la sua pubblica, retorica narrazione. Condivisi subito pensieri e sentimenti con Claudio La Camera, che era lì, e grazie al quale negli anni avevo conosciuto prima di fama e poi di persona proprio Marcela Turati.

Fu quel che si dice un «trauma positivo». Ed è con quel ricordo indelebile che dedico questa *Introduzione* a Marcela, alle sue compagne e ai suoi compagni, protagonisti di un giornalismo collettivo che ha scelto di scendere nella storia-mattatoio e di affrontarla a mani nude. Le mani della *búsqueda*.

Prologo

di Marcela Turati

La prima volta che ho assistito all'esumazione di un cadavere fu nel 2001. Ricordo il perito forense che, con un pennello sottile, ripuliva la superficie di quello che sembrava un osso. Sotto la terra rossastra, man mano appariva un cranio, poi una mandibola con tre denti ancora attaccati, poi un pezzo di stoffa. Quel cranio conservava il foro della pallottola, con il sangue appiccicato.

Il morto era stato scaraventato direttamente in quel fosso nel terreno, senza cassa, nel 1974, l'anno della mia nascita.

Era il corpo del leader guerrigliero Lucio Cabañas, assassinato dall'Esercito messicano, che lo seppellì di nascosto. Io ero agli esordi come reporter, ed era appena cominciata anche la cosiddetta «transizione democratica», l'epoca in cui il *PRI* (*Partido Revolucionario Institucional*) perse il potere dopo settantuno anni di governo e vinse le elezioni il *PAN* (*Partido Acción Nacional*). Il presidente eletto Vicente Fox, un uomo d'affari diventato politico, aveva promesso che si sarebbe indagato sui «crimini del passato» e istituì un'apposita Procura per quei processi.

In quel periodo conobbi *Las doñas* del *Comité Eureka*, il comitato di madri, ormai anziane, che cercavano i figli detenuti-scomparsi nell'offensiva militare e poliziesca contro i dissidenti politici e i guerriglieri. Le madri vestivano sempre di nero e portavano, appese sul petto, le foto delle figlie e dei figli che erano stati loro sottratti. Non smettevano di gridare «Vivi li hanno portati via, vivi li rivogliamo!».

La Procura in cui erano riposte tante speranze scomparve alla fine dei sei anni del mandato presidenziale, senza aver messo nessuno in carcere. Molte delle *doñas*, in punto di morte, avevano affidato ai nipoti il compito di cercare i propri padri e madri. Invece, coloro che si erano occupati del lavoro di detenere-torturare-far sparire vissero i loro ultimi giorni nel proprio letto, circondati dai parenti, sicuri della protezione che i meccanismi dell'impunità davano loro. Altri, come si è scoperto, passarono alle strutture criminali, ai gruppi del narcotraffico.

Durante quel periodo di presunta «transizione», mi capitò di intervistare una sconosciuta che si era unita alle file di *Eureka*. Lei era giovane, non vestiva a lutto e portava la foto ingrandita e a colori di un ventenne sorridente, con indosso una maglietta da calcio in lycra, che contrastava con i volti dei giovani degli anni Settanta, in bianco e nero, col taglio di capelli passato di moda e lo sguardo serio, reclamati dalle anziane. Lui si chiamava Alejandro Martínez Dueñas, da poco era stato detenuto, torturato e fatto sparire dall'*Agencia Federal de Investigación*, in piena democrazia.

Non fu l'unico caso. Dal 1993, a Ciudad Juárez, una donna, in quella frontiera, iniziò ad annotare in un quaderno i nomi delle ragazze i cui volti vedeva sui cartelli in cui si chiedevano informazioni sulla loro sorte – molte erano povere, giovani, di famiglie di migranti, operaie nelle *maquiladoras*.[19] Alcune venivano ritrovate morte in terreni abbandonati. Sulla stampa che raccontava questi fatti erano «Le donne morte di Juárez»: una pratica che durò a lungo.

Al momento dell'esumazione di Lucio Cabañas, nel 2001, io però non lo sapevo. Non sospettavo neanche che seguire giornalisticamente la ricerca di persone scomparse e corpi sepolti in fosse clandestine per me rappresentasse il segno che presto, dopo alcuni anni, la ricerca di persone scomparse sarebbe diventato un nuovo lavoro.

Nel dicembre del 2006, il presidente Felipe Calderón, del *Partido Acción Nacional*, lo stesso di Fox, di cui era successore, dichiarò la tragica e disastrosa «guerra alla droga», e inviò le forze armate a combattere il narcotraffico. Passò poco tempo e già mandavo appunti alla redazione della rivista «*Proceso*» sugli omicidi, sulle stragi, sulle esecuzioni extragiudiziali, sui gruppi di orfani e vedove, sulla migrazione forzata degli abitanti di intere baraccopoli. Tuttavia, fu la scomparsa di persone a diventare sistematica, di massa, raggiungendo il livello di crisi umanitaria, e le fosse sembravano un'epidemia. Fu l'impunità a tenerla in incubazione.

Un giorno di novembre del 2010, nello Stato di Chihuahua, bussai alla porta di una casa per ritiri spirituali in cui mi aveva invitato un'attivista per i diritti umani. Una volta entrata, mi ritrovai in un incontro clandestino di donne del nord del Messico: erano una trentina di madri che venivano da Chihuahua, Coahuila, Nuevo León, intente a chiedere a un'altra madre – la quale un decennio prima aveva ritrovato la figlia, che era stata uccisa – come avesse cercato. A un'antropologa forense invece domandavano cose raccapriccianti: «se hanno cosparso mio figlio di diesel, posso riconoscerlo?», «e se gli hanno dato fuoco assieme agli pneumatici?», «quando serve il DNA?».

Una donna con i capelli grigi domandò: «Se alla Procura mi consegnano un sacco con le ossa e mi dicono che è mio figlio, come faccio a sapere che è lui?».

Tutte annotavano le risposte, per ritrovare il marito, il fratello, la figlia, il padre: i loro familiari scomparsi.

In quelle riunioni si resero conto che tutte si erano recate presso obitori, ospedali, carceri, avevano cercato corpi in terreni abbandonati, avevano presentato denunce alle autorità, ma nessuno si era attivato per i loro cari. Solo un'organizzazione per i diritti umani e un vescovo, Raúl Vera, avevano avuto il coraggio di offrire un aiuto. La maggior parte non ha trovato i familiari scomparsi, ma ha incontrato molte famiglie segnate dalla stessa disgrazia, insieme hanno fondato gruppi di ricerca.

Nella redazione di «*Proceso*» c'era sempre qualcuno ad attendermi per denunciare un nuovo caso. Ho accompagnato i genitori, orfani di figli, per le strade in cui manifestavano, negli uffici del governo, che sono come labirinti pieni di porte finte. Diverse volte li ho sentiti dire, disperati: «Se il governo non ci aiuta a cercarli, ritroviamoli noi!».

Poco a poco vidi che iniziarono a cercare: mi mostravano fotografie di discariche piene di ossa umane. Parlavano di campi di lavori forzati da cui erano passati i loro ragazzi e delle reti criminali che trasformavano uomini e donne in soldati-sicari, o in schiavi del sesso, o in raccoglitori di papaveri da oppio, costruttori di tunnel, installatori di antenne, contabili di denaro illecito o esecutori di qualsiasi compito che servisse al business della droga. Altre volte, le famiglie mi mostravano anche prove che la polizia o i militari avevano portato via i loro cari e che non li avevano mai rilasciati.

Quel 2010 dovetti entrare nella galleria di una miniera di Taxco – ancora una volta nello Stato di Guerrero – da cui provenivano i miasmi di cadaveri che erano stati gettati lì, come in una discarica. Io e molti altri giornalisti ci trasformammo in corrispondenti di guerra senza viaggiare fuori dal nostro paese, e l'orrore divenne sempre più insopportabile.

Nel 2011 mi toccò assistere al ritrovamento di 193 corpi, stesi sul pavimento di un obitorio a Matamoros, una città proprio sulla frontiera con il Texas. Erano avvolti in sacchi neri, come quelli che si usano per buttare la spazzatura. Doveva occuparsene la Procura Generale della Repubblica, che promise di identificare tutti. L'unica cosa che abbiamo saputo è che erano maschi, erano giovani, erano poveri, erano migranti. Sono stati interrati in fosse comuni nei cimiteri cittadini, compresi anche coloro che, tra gli effetti personali, avevano documenti di identità col proprio nome e indirizzo. Così la Procura li ha fatti scomparire una seconda volta. E mi toccò scoprire anche che la stessa Procura, invece di indagare i poliziotti municipali che avevano aiutato l'organizzazione criminale *los Zetas* in quelle stragi, indagava su di me – per scoprire chi mi passasse le informazioni –, sulla avvocata delle vittime e sulla perita forense che rappresentavano le famiglie.

In quegli anni, a Tijuana, accompagnavo familiari col dolore sul volto e funzionari con cani molecolari per la ricerca di cadaveri, che risultarono inutili per la rilevazione di persone fatte scomparire col metodo regionale dello scioglimento nell'acido. Tutti perdemmo il sonno quando vedemmo alla televisione la faccia di un uomo soprannominato «*El Pozolero*», che da muratore si era messo a «cucinare» esseri umani per il gruppo locale di narcotrafficanti. Nel tempo abbiamo saputo che non era l'unico, che ogni gruppo ha il proprio addetto a far sparire i corpi. Sempre più efficace, con crudeltà sempre maggiore.

Continuo a non avere parole per le foto che il signor Fernando Ocegueda mi inviò per mostrarmi i resti recuperati in alcuni terreni di Tijuana dove potrebbero aver fatto sparire suo figlio di 17 anni. Quello che vidi non erano corpi, erano frammenti della dimensione di denti, di un'unghia, entravano in una tazza. Era quello che restava di un figlio, di una coppia, di una sorella. Questo è ciò che fa l'acido, con cui, in molte parti del paese, tentano di far sparire molti giovani. Il tanfo, come mi ha spiegato Ocegueda, per quanto uno si lavi, non si dimentica più.

Le famiglie, capeggiate dalle madri, avevano ormai perduto ogni forma di timore e vergogna nonostante la stigmatizzazione con cui tutti i governi, federali, statali, comunali, volevano metterle a tacere. Perché la stigmatizzazione, secondo cui chi scompariva «era immischiato in qualcosa», mirava a isolarle. E capivano che la narrativa ufficiale, che incolpa i gruppi della criminalità organizzata di queste sparizioni, non è del tutto veritiera, che molte volte i poliziotti statali sono i responsabili, o lavorano insieme ai criminali.

«Loro non cercano, perché, se lo fanno, sanno che trovano loro stessi», mi disse un 10 di maggio una madre, riferendosi ai funzionari delle Procure. Perché sono loro stessi a essere collusi.

Queste donne ebbero l'audacia di sfilare, il giorno della Festa della mamma, lungo il corso più importante di Città del Messico, e da allora, la marcia nelle piazze di tutto il paese è diventata il loro rituale ogni 10 di maggio, quando gridano in coro: «Figlio, ascolta, tua madre sta lottando!», «Le madri che cercano, anche loro stanno lottando!» e «Perché li cerchiamo? Perché li amiamo!».

Con il governo del *Partido Revolucionario Institucional* di Enrique Peña Nieto continuò il dolore, il falso impegno politico da parte del governo a effettuare le ricerche, e l'indifferenza. Durante quei sei anni, una vicenda fece sì che l'argomento non si potesse più nascondere: la scomparsa di quarantatré studenti dello Stato di Guerrero che stavano studiando per diventare maestri, nella stessa *normal rural*[20] che Lucio Cabañas aveva frequentato. Davanti alle telecamere, furono attaccati da un gruppo di narcotrafficanti locali, a Iguala: c'era la prova che fossero presenti agenti della polizia municipale, statale, federale, e membri dell'esercito. Per chiudere subito il caso, la Procura diede una versione falsa dei fatti, e dichiarò che le vittime erano state bruciate in una discarica. Nonostante questo, le madri e i padri, accompagnati da tirocinanti delle stesse scuole rurali, organizzazioni per i diritti umani e collettivi organizzati, non hanno smesso di rivendicare con veemenza che rivogliono i loro figli.

Questi fatti innescarono un nuovo fenomeno: famiglie dell'intero Stato cominciarono ad andare in giro a cercare i propri familiari sulle alture, nei bacini idrici, nei fiumi, nei terreni abbandonati, dove scavavano con le loro mani, fin quando non trovavano corpi.

Nacquero così «*Las Mujeres Rastreadoras*», con un compito che generalmente si coniuga al femminile perché è svolto soprattutto da madri. Non esiste un censimento di quante siano, ma si raggruppano in tutto il paese e creano collettivi con nomi che evocano la loro missione, come «Segugi», «Guerriere», «Forze Unite», «Piccolo Sole», «Campanellini», «Madri Coraggio», «Colibrì», «Collegamenti», «Allodole», «Amori», e una miriade di varianti.

Alcune vanno quotidianamente a cercare, nonostante i pericoli e il logoramento. Diverse volte durante l'anno organizzano degli incontri, alcuni dei quali intitolati «*Brigadas Nacionales de Búsqueda*», in cui si scambiano i metodi e gli strumenti che hanno messo a punto. Sono le stesse madri che i funzionari chiamano «pazze» per il loro modo di rimanere aggrappate alla loro ricerca, che sfilano in marcia ogni 10 maggio e riempiono le strade delle loro lacrime, che costruiscono memoriali che il governo distrugge, che fanno scioperi della fame, che implorano per avere riunioni con il governatore o il presidente di turno. Madri che dedicano la propria vita, perdono la salute, spendono i risparmi e tutta l'energia che possiedono per trovare i «*tesoros*», come chiamano i propri cari.

«Non ci aspettiamo più niente dal governo, neanche giustizia, perché non la dà; vogliamo solo recuperare i nostri cari», ripetono da allora.

Con questi slogan, tentano di non essere uccise. Quello scudo, però, non ha sempre funzionato. Nel portale di ricerche che coordino, dal titolo «*A dónde van los desaparecidos*», attraverso cui ci dedichiamo ad assistere le famiglie, a formare altri giornalisti, ad analizzare le politiche pubbliche e a dare copertura giornalistica di questa crisi umanitaria inarrestabile, abbiamo registrato più di venti casi di familiari uccisi.

Il lavoro di queste Antigoni moderne è un atto estremo di amore, di ribellione e di luce in mezzo all'orrore. Seguendo le leggi del cuore, sfidano le leggi dello Stato, le minacce dei criminali, le intimidazioni dei funzionari pubblici che esigono che aspettino a casa le notizie. Loro non si fermano, vogliono che i defunti ritornino a casa, e anche quando non si tratta dei loro cari, almeno tentano di riportare la pace in altre famiglie, in attesa che qualcun altro ridìa pace alla loro.

Las Rastreadoras trovano anche altre verità occultate. Nel 2017, nello stato di Morelos, un luogo di vacanze a un'ora da Città del Messico, scoprirono che il governo locale del *Partido de la Revolución Democrática* sotterrava in segreto centinaia di cadaveri. A Guadalajara, nel

2018, le famiglie si resero conto del fatto che l'Istituto di Scienze Forensi aveva tenuto nascosti cadaveri decomposti in Tir sprovvisti di refrigerazione. Nel 2020 un nostro gruppo di giornalisti svelò che negli obitori e nei cimiteri si trovavano almeno 39mila corpi non identificati, e ora man mano aumentano le prove che anche il governo è responsabile di quella che è una doppia scomparsa.

Le cifre che rilevano la tragedia messicana non si fermano. A oggi, ammontano a 114.878 persone, secondo il registro ufficiale, numero che continua a crescere. La creazione di questi gruppi di famiglie che cercano persone scomparse è direttamente proporzionale alla mancanza di risposta istituzionale di fronte a questo crimine di *lesa umanità*. Nella democrazia messicana, l'impunità sembra essere politica di Stato.

Nella serie di podcast «*Camino a encontrarles: Historias de búsquedas*», ci siamo dati il compito di raccontare, attraverso le loro voci, i resoconti straordinari di cui sono capaci le madri che vanno alla ricerca. Come le Madri Coraggio del Nuevo León, che hanno aggiunto alle ricerche lo studio del DNA, l'analisi dei fascicoli delle Procure, gli interrogatori in carcere ai capi della droga, l'uso di droni e dati satellitari, così come i metal detectors e i cani molecolari per cercare – se è necessario – fin sotto terra. O l'esperienza della scuola di ricerca che le *Brigadas Nacionales* rappresentano. O il metodo di archiviazione dati che *Las Rastreadoras* dello Stato di Sinaloa utilizzano per scoprire, attraverso il controllo incrociato tra le schede che hanno realizzato e raccolto e i corpi non identificati che arrivano negli obitori, l'identità di queste persone. O le carovane di donne che operano nel sud del Messico, che vanno a fare ricerche negli ospedali psichiatrici o in quartieri dove pericolose reti criminali riducono le donne in schiavitù ai fini dello sfruttamento sessuale. O le terapie che un gruppo di esperte di salute mentale ha sviluppato per assistere bambini e bambine che cercano i padri e le madri.

Il governo dell'esponente di sinistra Andrés Manuel López Obrador, inaugurato nel 2018, cominciò col riconoscere la dimensione della crisi umanitaria – una Segretaria di Stato arrivò a dichiarare in pubblico che «il Messico è un cimitero, un paese di fosse» –, dichiarò l'esistenza di una crisi giudiziaria e avviò per la prima volta un meccanismo straordinario per l'identificazione; creò linee guida e organismi per ricerche locali e federali, una commissione per la verità sulla fine dei 43 studenti, e un'altra per i crimini del passato, come l'omicidio del guerrigliero le cui ossa vidi nel 2011, Lucio Cabañas.

A un anno dalla fine del mandato di sei anni, le promesse si sono indebolite; non si conosce ancora la fine dei 43 studenti, il meccanismo straordinario è appena stato decretato inefficace, il *Centro Nacional de Identificación Humana*, appena inaugurato, già non funziona, le commissioni per la verità si lamentano che l'Esercito messicano ostacoli l'informazione chiave che potrebbe far scoprire la sorte di tante persone attese dalle famiglie.

Per ridurre le cifre, è stato ordinato un controverso «censimento»: i funzionari visitano, casa per casa, le famiglie che hanno denunciato una scomparsa, per domandare se il parente è tornato o se sanno se è morto. Così, in questa maniera discutibile, sprovvista di metodologia, e che finisce col produrre rivittimizzazione, i numeri sono diminuiti. Mentre succede questo, le madri continuano a esigere che i loro *tesori* vengano cercati, che si faccia presto, che si diano risposte, che vengano riportati a casa.

1
Il labirinto del dolore

di Claudio La Camera

Appunti dal diario di ricerca: 15 gennaio 2018, zona 15, quadrante 32, fossa 145, corpo 282. Indizi trovati:

1) un cranio completo di mandibola e denti; elementi di tessuto e due vertebre;

2) 9 ossa corte, 65 ossa grandi;

3) indumenti: una maglietta bianca con il marchio Adidas posto in alto a sinistra; pantaloni di colore blu marca Star Jeans; boxer di colore nero marca Lacoste, microfibra 90%, calze bianche da donna tipo scuola...

A prendere appunti sul diario di ricerca è una delle tantissime donne che cerca il corpo del figlio, scomparso da due anni. La disperazione e il dolore le hanno dato la forza di reagire al silenzio complice delle autorità di governo e di occuparsi lei stessa delle ricerche. Insieme a tanti altri familiari di vittime e persone scomparse, Ana si è unita alle spedizioni di *búsqueda*, cercando notizie ed elaborando tecniche per scoprire le fosse clandestine. Le missioni si attivano grazie a informazioni raccolte circa la possibile presenza di una fossa in un'area non sempre precisa. La *búsqueda* viene fatta infilzando sul terreno dei paletti di ferro appuntiti. Si fa penetrare l'arnese fino al punto di resistenza del suolo, poi si solleva la punta perché, se affondando penetra tra i resti cadaverici, l'odore è la traccia inconfondibile che conduce allo scavo. Cosa spinge una madre o un padre a dedicare il resto della vita a scavare fosse, a inoltrarsi in un labirinto del dolore? Non tanto la speranza di trovare la persona amata – meglio, non solo quella – quanto la necessità di non soccombere alla rassegnazione.

Ana ha iniziato a cercare il figlio Diego visitando decine di carceri, controllando il volto di tanti cadaveri anonimi parcheggiati negli obitori messicani; ha dovuto rinunciare al proprio lavoro per potersi dedicare alle ricerche. Trascorsi quattro anni dalla scomparsa di Diego, ha dovuto accettare a malincuore che l'unica possibilità che le restava per trovare il figlio era scavare: «Quando mi sono resa conto che stavo cercando, con una pala, mio figlio sottoterra, sono quasi impazzita... ma dovevo farlo. Se non lo facevo io non l'avrebbe fatto nessun altro». E così Ana ha elaborato un «rituale di amore» per affrontare le operazioni di scavo: prima di partire per la ricerca, si trucca e si veste bene, in modo tale che se dovesse ritrovare suo figlio possa apparirgli sempre ordinata e amorevole. Ana non può farsi vincere dal dolore; significherebbe cedere all'ingiustizia, abbandonarsi a quella falsa verità storica, politica e giuridica che ha caratterizzato il Messico per decenni.

Questa donna sente che la sua storia è diventata un fatto collettivo; è uguale a quella di tutte le madri che, come lei, hanno perso i figli o il marito, o un fratello.

Oscar aveva diciotto anni quando è partito dall'Honduras verso Città del Messico. Sua madre lo cerca da nove, e sette anni fa si è trasferita in Messico per poter fare le ricerche. «Non c'è nessuna autorità che ci ascolti, nessuno che cerchi o faccia indagini. È duro accettare quello che mi è successo ma è ancora più duro vedere che ci sono migliaia di persone nella mia stessa situazione, e che tutto ciò non basta a smuovere le autorità. Oscar era un ragazzo pieno di sogni; ha lasciato l'Honduras per sfuggire alla violenza che si vive in quel paese, per poter studiare diritto e diventare avvocato. «Mi è stato portato via e non so perché. So però che non abbandonerò mai la mia battaglia». Nel 2015 le autorità di Jalisco le hanno comunicato di aver identificato il corpo del figlio. Le hanno consegnato un'urna con delle ceneri. Cremare i corpi senza identificarli attraverso il prelievo del DNA è una pratica che si è diffusa come strategia per smaltire l'enorme quantità di corpi senza nome. Alcuni di questi giacciono negli obitori o nei cosiddetti «Tir della morte», enormi camion frigoriferi che possono contenere fino a trecento cadaveri.

Questa prassi fu tenuta segreta fino a quando, nell'agosto del 2018, gli autisti dei Tir, incaricati dalle autorità di Guadalajara del trasporto dei corpi, decisero di abbandonare i mezzi in piena campagna. Dopo qualche giorno, l'intenso odore di morte raggiunse la vicina città di Tlajomulco de Zúñiga, e il fatto divenne di dominio pubblico, svelando la verità sulle decine di mezzi dello stesso tipo parcheggiati in diverse città messicane. Spesso, quando si supera anche il limite di questo surreale modo di rispettare l'identità delle persone, si procede con la cremazione o si cedono i cadaveri alle università, dove servono per le esercitazioni di medicina legale. Nel 2018, lo

Stato di Jalisco ha incenerito più di duemila cadaveri non identificati. Nulla di molto diverso dalle centinaia di corpi non identificati dei migranti che hanno tentato di attraversare il Mediterraneo, e ora giacciono sepolti in fosse comuni nei cimiteri italiani. Neanche per loro si può dire che la morte sia stata uguale a quella di qualunque altro essere umano. È stata una morte ingiusta, una morte iniqua, una morte senza dignità, quella dignità minima concessa a una persona che può prepararsi alla fine. Per i familiari dei *desaparecidos*, la scomparsa che hanno dovuto subire, una sorta di morte senza lutto, è diventata uno dei pilastri della loro resistenza.

Adriana era una ragazza dello Stato di Guerrero che, come tanti della sua età, si era trasferita a Città del Messico per studiare nella prestigiosa *Universidad Nacional Autónoma* (*UNAM*). Il 7 settembre del 2010 fu sequestrata proprio all'uscita della biblioteca universitaria. La polizia riteneva di avere prove certe che la giovane fosse stata catturata da un gruppo criminale venezuelano dedito alla tratta delle persone e che si trovava viva e ancora prigioniera in Venezuela. Javier, il padre di Adriana, lasciò il lavoro per dedicarsi alle ricerche. Dopo un anno dalla scomparsa, i resti del corpo di Adriana furono rinvenuti in un bosco vicino la città. Sorse il dubbio che le informazioni date sul Venezuela fossero soltanto un modo per depistare le indagini. Quando incontrai Javier, mi confessò quanto fosse stato importante per lui essere parte dei collettivi di *búsqueda*.

«Quando ti succede una cosa del genere, sei completamente disarmato, non sai cosa fare. E così ho iniziato a cercare le persone che stavano vivendo il mio stesso dramma, per chiedere loro aiuto e consigli. Il supporto che avrebbero dovuto darci le autorità ci è giunto invece dagli attivisti sociali, da medici che ci hanno curato gratis, da persone che ci hanno sostenuto economicamente, perché io sono rimasto molto tempo senza lavoro per dedicarmi alle ricerche, ho venduto la mia casa e la mia automobile. In Messico, se vuoi fare delle ricerche, devi trovare i soldi, perché la polizia non ha le risorse per un registratore, un computer, la benzina per le autovetture. Durante le ricerche sono successe molte cose; mentre cercavo mia figlia ho scoperto i corpi di altre ragazze; questo mi ha messo in contatto con una rete di genitori che si trovavano nella mia stessa situazione, e con i quali abbiamo iniziato a condividere le informazioni sui nostri figli. Si è creata una catena molto ampia di familiari che si sostenevano a vicenda. Quando tu aiuti qualcuno e riesci a trovare suo figlio o sua figlia, allora capisci che la tua vita ha ancora un senso. Prima del 2010, per me il senso della vita era crescere i miei figli, prendermi cura dei miei nipoti e vederli felici; adesso è cambiato tutto. L'unica cosa che mi rende felice è aiutare gli altri. La felicità, per me, non sta più nel possedere delle cose; per me, la felicità è abbracciare un genitore che ha perso la figlia e dimostrargli, con il mio affetto e la mia vicinanza, che può trovare ancora un senso nella vita. Non ho più nulla, ma non importa. Perché ho trovato un altro modo di essere felice».

I familiari dei *desaparecidos* erano madri, padri, mogli di famiglie normali. Adesso sono diventati *los buscadores* o *las buscadoras*, persone che hanno abbandonato una vita normale per dedicarsi alla ricerca dei loro cari.

Vivono una realtà che si svolge tutta dentro un labirinto di dolore: devono sopportare minacce, depistaggi, tentativi di estorsione da parte di finti sequestratori o di poliziotti e magistrati corrotti, attese infinite presso carceri, ospedali, obitori, lungaggini burocratiche di uffici inefficienti. Chi ha osato cercare, protestare, investigare, denunciare, è diventato spesso una persona scomoda, da eliminare; a volte ha subito la stessa fine del familiare che stava cercando. Malgrado questi pericoli estremi, *las buscadoras* hanno imparato a fare della loro condizione di emarginazione un punto di forza; è nata una pedagogia della resistenza fatta non solo di regole, ma di una straordinaria capacità di riscrivere il presente con la forza della verità.

Perché chi ha subito questo tipo di violenza non ha mai paura di raccontare la verità.

La desaparición

Il fenomeno della *desaparición* in Messico ebbe inizio negli anni Sessanta del secolo scorso con la nota «guerra sporca», un processo di eliminazione di attivisti sociali, oppositori dello Stato o guerriglieri politici. I loro assassini erano da cercare nelle file dell'apparato repressivo statale. La Commissione Nazionale per i Diritti Umani stimò in poche centinaia il numero delle vittime e solo nel 2000 il presidente messicano Vicente Fox creò la «Procura speciale per i movimenti sociali e politici del passato», con l'idea di rendere pubblici gli archivi della repressione. Si sapeva che alcuni dei torturatori e dei sicari erano confluiti nelle file della polizia o dei cartelli della droga, ma non si giunse a dare giustizia alle vittime. Il nuovo governo, diretto dal presidente Felipe Calderón (2006-2012), inaugurò la «guerra contro il narcotraffico» che aveva il pretesto di fortificare il controllo militare del paese ma giunse al risultato di consolidare il controllo territoriale del crimine organizzato, forte del proprio potere corruttivo e della ricchezza dei suoi mercati illegali. Il fenomeno delle sparizioni cambiò: diventò un metodo facile usato da chiunque per eliminare una persona scomoda. Il motivo era semplice: nessuno pagava per le azioni commesse, l'impunità era totale e la complicità dello Stato era evidente a tal punto che si iniziò a parlare di *desaparición forzada*, cioè realizzata con la complicità degli apparati statali.[21]

La società civile reagì con i collettivi delle madri di persone scomparse; il primo nacque nel 2009 a Santillo, nello Stato di Coahuila, per un forte impulso del vescovo Raúl Vera López. I familiari delle vittime iniziarono a incontrarsi, a raccontarsi le loro storie e rendersi conto che esisteva una vera propria strategia per fare scomparire le persone. Nacque *Fuerzas Unidas por Nuestros Desaparecidos en Coahuila* (*FUUNDEC*), una delle più importanti organizzazioni di ricerca delle persone scomparse; in pochi mesi, ci fu una presa di coscienza della gravità del fenomeno anche in altri Stati messicani.

Fu convocato il primo incontro dei familiari di figli scomparsi nella città di Chihuahua e nell'aprile del 2011 nacque il *Movimiento por la Paz con Justicia y Dignidad* (*MPJD*), su iniziativa del poeta messicano Javier Sicilia, a cui era stato ucciso il figlio nel marzo dello stesso anno. Javier Sicilia organizzò «la marcia della pace» lungo trentotto città, radunando più di duecentomila persone a Città del Messico e rendendo pubbliche centinaia di storie di vittime. La marcia fu una spinta verso la denuncia: in molti trovarono il coraggio di raccontare la loro storia e di formulare accuse precise nei confronti delle istituzioni pubbliche. Javier Sicilia non chiedeva vendetta, bensì «un cambiamento nei cuori delle persone» che permettesse di riscattare la vita democratica del paese. Tutti i partecipanti del «Movimento per la Pace con Giustizia e Dignità» firmarono il «Patto Civile contro la Violenza» con cui si chiese al governo messicano un cambio di strategia nella lotta al narcotraffico. Si ottenne così la possibilità di costringere anche le autorità pubbliche, statali e locali, a collaborare per ricostruire i casi di sparizione e, successivamente, con il governo del presidente Enrique Peña Nieto, fu istituito il «Registro Nazionale delle Persone Scomparse».

Contare i morti è ormai una scienza in grado di fornire elementi preziosi per la ricostruzione dei fatti, dei colpevoli e delle responsabilità. In Messico la conta dei morti è diventato un esercizio inutile. Qualche anno fa i dati ufficiali parlavano di un numero impreciso di circa 27mila persone scomparse. Quando, nel settembre del 2014, furono fatti sparire quarantatré studenti della Scuola Normale di Ayotzinapa, la rivolta divenne imponente e si estese a livello internazionale. Si scoprì che probabilmente le vere cifre delle persone scomparse erano fra 40mila a 60mila, ma nessuno oggi si azzarda più a formulare ipotesi. Il nuovo governo di López Obrador ha riconosciuto l'esistenza del fenomeno, ammettendo che il Messico è un enorme cimitero, e che esiste una questione umanitaria da affrontare con una «Commissione per la verità» e con una stretta collaborazione con i familiari delle vittime. In tutto il paese si contano più di duecento movimenti di familiari e un movimento nazionale formato da novantadue collettivi.

Raccontare per sopravvivere

Marcela Turati segue il fenomeno delle persone scomparse in Messico dal 2000. Nel 2016, insieme ad altre giornaliste, decise di fondare il *Quinto Elemento Lab*, un laboratorio di ricerca che avrebbe dato assistenza e formazione ai giornalisti che operavano nelle zone più pericolose. Fare giornalismo d'inchiesta in Messico significa, ancora oggi, affrontare i rischi di una guerra. Il *Quinto Elemento Lab* creò nuovi corsi di formazione e di gestione del rischio, incrementando la capacità di diffusione dei contenuti delle inchieste e ottenendo un prezioso sostegno internazionale per le cause umanitarie a cui dava voce. Nel 2018, Marcela, insieme a un nutrito gruppo di colleghi e colleghe, portò avanti il primo progetto di scoperta e georeferenziazione delle fosse clandestine in Messico.

Il lavoro fu coordinato insieme alle colleghe Mago Torres e Alejandra Guillén; David Eads elaborò la mappa, mentre Paloma Robles ed Erika Lozano fecero confluire la ricerca sul sito web del collettivo.[22] A novembre del 2018 nacque il progetto «*A dónde van los desaparecidos*», una serie di racconti presenti sul web con i quali si spiegavano la logica delle sparizioni, le modalità e i luoghi in cui si stava verificando una strage silenziosa.

Fu il risultato di centinaia di inchieste che i giornalisti del collettivo portarono avanti superando mille difficoltà e ostacoli, con i depistaggi e i ritardi nelle richieste di informazioni presso strutture burocratiche comunali, statali e federali, non sempre collaborative. Furono necessarie pericolose e faticose indagini sul campo per svelare una realtà agghiacciante: che l'intero paese era costellato da migliaia di fosse comuni. Nel 2018, il collettivo presentò pubblicamente il resoconto dell'indagine intitolata «Il paese delle duemila fosse». Con il lavoro della mappa nazionale che localizzava quei luoghi, l'idea era di dare alle famiglie le informazioni che il governo ha sempre occultato: dove si trovano le fosse, in che comune ricadono, quanti corpi sono stati rinvenuti.

Dalla ricerca emerse anche l'esistenza di una sorta di *desaparición administrativa*, dovuta al fatto che molti cadaveri venivano «smarriti» o venivano identificati male, a volte cremati subito dopo o perfino distrutti dal modo in cui erano stati riesumati. La ricerca mise a nudo molte verità scomode: numerosi «luoghi del silenzio», paesi dove si concentravano molti indizi di sparizioni ma non era stato possibile fare ricerche per il diniego delle autorità locali; l'assenza pressoché totale di indagini e di apparati investigativi; l'incapacità delle autorità istituzionali di adottare una metodologia valida a documentare i resti umani e la scarsezza, o totale assenza, dei servizi medico-forensi.

Un dato comune a tutti i luoghi delle sparizioni era l'alto indice di violenza. Ciò era la prova che le cause della scomparsa andavano cercate nelle situazioni di emarginazione e disagio sociale, di povertà educativa, nelle perverse politiche di sfruttamento economico del territorio e, non ultimo, nell'esistenza di un sistema repressivo di apparati di potere pubblici e privati. Era la prova che diversi «soggetti» si servivano di questo metodo sbrigativo per eliminare le persone: il crimine organizzato, la più elementare delinquenza comune, gli stessi apparati statali. La persona *desaparecida* non è solo la vittima di un sequestro o di un omicidio, ma è diventata una sorta di categoria sociale perché riflette la responsabilità di molteplici attori, di un meccanismo perverso di geometria variabile in cui tutti, a turno, sono artefici del risultato finale.

In questo scenario, il collettivo *Quinto Elemento Lab*, continua a promuovere un'intensa attività formativa e investigativa: copre le notizie sulle *desapariciones* e sulle ricerche; sostiene i familiari delle vittime e segue le loro attività in vari Stati del Messico; elabora protocolli di sicurezza per i gruppi di ricerca; offre un servizio psico-sociale per i colleghi impegnati sul campo; pubblica un reportage periodico sulle logiche di scomparsa in Messico.

Nel frattempo la *búsqueda* è diventata sempre più complessa: le tecniche di sparizione delle persone sono cambiate a causa del dissolvimento dei corpi nella soda caustica; c'è chi improvvisa veri e propri laboratori dove vengono stoccati centinaia di cadaveri in attesa di essere liquefatti da *El Pozolero*.[23]

A fine 2023, secondo i dati riportati da *Quinto Elemento Lab*, si contano già 5.696 fosse clandestine in 570 diversi municipi, di cui solo 2.864 registrate nel corso degli ultimi sei anni. Le persone scomparse e non localizzate sono

114.878. Fra queste preoccupa il crescente aumento della violenza contro i difensori dell'ambiente – soprattutto nelle aree dove c'è maggiore sfruttamento minerario del territorio – e contro i migranti e i giornalisti.

I luoghi della sparizione

Dopo aver ascoltato per anni le storie dei familiari dei *desaparecidos*, mi resi conto che l'analisi dei luoghi di scomparsa e quelli di ritrovamento dei corpi rivestiva un ruolo determinante. Quelle autorità che tentavano di minimizzare o nascondere il fenomeno si esprimevano sempre con la classica formula di comodo, cioè che «le vittime si trovavano nel luogo sbagliato». Nel 1993, quando esplose il fenomeno del femminicidio nell'area di Ciudad Juárez, gli studiosi concordarono sul fatto che, per individuare i responsabili, bisognava analizzare meglio gli spazi in cui quegli eventi si verificavano e i contesti sociali di riferimento.[24] Le autorità locali ritenevano invece che le cause fossero da individuare nelle condizioni soggettive delle vittime: il loro modo di vestire, il loro comportamento in pubblico o addirittura le loro condizioni economiche. In realtà, grazie alle attività di ricerca delle organizzazioni internazionali e dei familiari delle vittime, fu possibile focalizzare l'attenzione sulle vere cause del problema: l'impunità diffusa, la complicità delle autorità a tutti i livelli, le condizioni schiavili del lavoro nelle *maquilas* e il dilagare del narcotraffico.[25]

Questa, però, era solo una parte della geografia della sparizione. Nel 2018, proposi al mio amico e collega Alessandro Scotti[26] di raccogliere alcune testimonianze fotografiche dei luoghi di sparizione nella città di Tijuana e nello Stato di Guerrero. L'idea era quella di realizzare, per immagini, una «topografia della scomparsa». Nel caso dei femminicidi, ci rendemmo conto che eravamo di fronte a una realtà molto diversa da quella frettolosamente raccontata e diffusa dai mezzi d'informazione. Un dato ci apparve certo: gli spazi della sparizione o del ritrovamento dei corpi erano fortemente significativi e diversificati. Nelle periferie delle città e nelle aree del degrado urbano, gli spazi pubblici erano diventati spazi dominati dalla paura perché percepiti sotto il controllo sociale della criminalità.[27]

Ancora oggi, molti adolescenti vengono fatti sparire dal crimine organizzato come atto dimostrativo del potere di controllo sul territorio. A Tijuana assistemmo al caso del ritrovamento di una valigia che conteneva la testa di una ragazza di dodici anni. Era scomparsa da meno di un mese e il corpo non era stato trovato. I ragazzi del quartiere con cui parlammo della vicenda ci dissero che ogni tanto i gruppi criminali facevano queste esecuzioni «dimostrative», per diffondere il terrore e creare sottomissione. Anche nel caso delle sparizioni dei migranti e della «sparizione forzata» a opera di gruppi militari, è stato possibile riscontrare una prossimità fra i luoghi delle sparizioni e la presenza di accampamenti militari o di aree sotto il controllo di gruppi criminali.

Lo spazio rappresenta, quindi, un luogo simbolico in cui si è sempre giocata la logica della paura, ma anche della rivincita della società civile.

Lo abbiamo visto con le manifestazioni pubbliche, le sfilate, le occupazioni simboliche, la disseminazioni di croci sui luoghi delle stragi, come nel caso di Ciudad Juarez, in cui le croci rosa di legno sui luoghi dei femminicidi sono stare convertite in un simbolo di lotta usato dai familiari delle vittime per denunciare la mancanza di giustizia. Questi sono diventati veri e propri luoghi privilegiati di protesta e di riflessione. Si pensi alle sedici croci poste nella famigerata località di «Arroyo del Navajo», dove è stata rinvenuta una fossa clandestina contenente i resti di ventiquattro ragazze di età compresa tra i quattordici e i ventisei anni.

Oggi, le croci rosa sono presenti in molte città messicane; non segnalano soltanto punti di memoria, ma indicano itinerari di rivendicazione sociale che tendono a restituire un ruolo da protagoniste alle persone più fragili.

I gruppi della società civile, divenuti sempre più organizzati, hanno reclamato un rinnovamento delle politiche di costruzione urbana della città che sia in linea con le esigenze egualitarie e di giustizia sollevate nella legislazione relativa alla prevenzione della violenza contro le donne.

Nel quadro delle politiche di «prevenzione situazionale», il Comune di Ciudad Juárez ha avviato il progetto «Corridoio Sicuro per le Donne», il cui obiettivo è la prevenzione situazionale della violenza di genere nel centro storico della città attraverso lo sviluppo e il miglioramento delle infrastrutture urbane. Il progetto del corridoio comprende la realizzazione di un centro di assistenza per le donne con spazi per laboratori, un centro espositivo, una sala per l'allattamento e un centro per l'impiego; il ripristino di strade e marciapiedi; la costruzione di cabine di sicurezza, bagni pubblici e sistemi di sorveglianza. Con la costituzione dei collettivi di ricerca dei *desaparecidos* le donne hanno saputo reagire al silenzio delle persone scomparse, alla cancellazione delle voci delle donne stuprate, riappropriandosi così del potere della parola, dando un nome di battaglia ai gruppi che hanno costituito: le «Allodole», le «Ricercatrici», le «Madri del coraggio», gli «Amori», le «Forze Unite». Lo spazio pubblico è diventato il luogo privilegiato attraverso cui re-impossessarsi simbolicamente di una socialità negata; uno spazio di lotta contro l'oppressione criminale e di rivendicazione di una soggettività che resiste.

2
«A dónde van los desaparecidos»

di Marcela Turati

Come si sa quando qualcosa è in gestazione? Come si riconosce il suo inizio? Forse, per raccontare la storia del progetto «*A dónde van los desaparecidos*» si dovrebbe cominciare ricordando le prime riunioni tra colleghi giornalisti nel 2011, quando si creò un movimento nazionale di vittime della violenza, e a partire dal 2014, quando la scomparsa dei quarantatré studenti di Ayotzinapa[28] rese chiaro a tutti che le sparizioni in Messico erano di massa, sistematiche, e raggiungevano la dimensione di una crisi umanitaria. All'epoca, noi giornalisti che tentavamo di seguire queste storie ci domandavamo: «Quante persone mancano nel paese? Dove sono? Come raccontare ogni singolo caso? Come rendere tanto orrore? Come dare conto della violenza che si è consolidata nell'ultimo decennio, prodotta dalla mal definita "guerra contro il narcotraffico"?

Come impegnarci in questo compito, in quanto giornalisti, e aiutare le famiglie che cercano i parenti a trovarli? Cosa possiamo fare, di diverso, che non avremmo fatto prima?».

Il dubbio ci smosse le viscere, e decidemmo di immergerci nel compito di decifrare la violenza, mentre, seguendo le famiglie in cerca dei propri cari e le prime *Rastreadoras* (le madri che cercano nei campi le figlie e i figli scomparsi), man mano assistevamo alla crescita del fenomeno delle sparizioni e del ritrovamento di sepolture illegali nel paese. Nacque così la nostra urgenza non solo di raccontare le storie delle persone scomparse, ma anche di fare qualcosa di necessario che servisse alle famiglie. Per questo decidemmo di creare la prima mappa nazionale di fosse clandestine. Formammo un gruppo di lavoro coordinato da me, Alejandra Guillén e Mago Torres, a cui si unirono Erika Lozano, Paloma Robles, Aranzazú Ayala e una ventina di colleghi mossi dall'idea di carpire alle procure locali il numero di ritrovamenti di fosse clandestine, la loro ubicazione e la quantità di corpi ritrovati in ognuna dall'inizio della «guerra» fino a quell'anno: il 2016.

La missione si presentava rischiosa. Per questo, prima di cominciare, andammo presso la comunità indigena di Cherán per un bagno rituale *Temazcal*[29] col quale chiedere protezione per il lavoro di documentazione. La nostra prima idea fu quella andare nel territorio per documentare ogni fossa sospetta.

«"Se vi dico dove si trovano queste fosse non tornerete", ci apostrofò la commessa di un negozio di alimentari quando svolgemmo il primo lavoro di campo a La Barca, nello Stato di Jalisco», racconta Erika Lozano. Decidemmo allora di intraprendere un altro percorso: presentare richieste di informazione pubblica a ognuna delle procure del paese e confrontare l'informazione con giornalisti e gruppi di ricerca. All'epoca sapevamo poco di gestione dati, avevamo molti dubbi su come mostrare l'orrore senza cadere nei sensazionalismi e senza ferire le famiglie che cercano i propri cari. La ricerca ci impegnò per quasi due anni.

Il processo era stato emotivamente logorante. Leggere appunti sulle fosse per fare un conteggio provocò molti incubi a Gabriela de la Rosa e a Anna Ivonne Cedillo, così come controllare richieste di informazioni incomplete, errate, contraddittorie, e depositarle di nuovo presso le procure; cercare il modo migliore per visualizzare una mappa per Stato, Comune, per anno e per ritrovamenti: in quegli anni pensammo molte volte che non ci saremmo riusciti. Decidemmo di convocare riunioni per trattare il problema di quanto ci sconvolgeva emotivamente esserci dedicati a lavorare a fosse e cadaveri per tanto tempo. Desideravamo estendere la nostra ricerca, ma decidemmo di chiuderla con i dati del 2016 perché non ne potevamo più. Eravamo giunti a ciò che Mago Torres definì una «*deadline* emotiva».

Ricordo l'immagine, la notte prima della pubblicazione, di tutte noi al lavoro nella sala da pranzo del mio appartamento ad affinare i dettagli, a fare il punto sui temi fondamentali da comunicare il giorno successivo, durante la conferenza stampa che avevamo convocato per la presentazione dei risultati della ricerca. «Non eravamo sicure di come sarebbe stato accolto il nostro lavoro, ci sentivamo accecate da tali cifre, incapaci di guardare oltre il conteggio infernale, annientate dal fatto che ogni fossa implicava la perdita di vite», racconta Paloma Robles. Avevamo dedicato del tempo a ideare un sito web dove avremmo messo le informazioni, che intitolammo «*A dónde van los desaparecidos*» (come la canzone di Rubén Blades che negli anni Ottanta si sentiva in tutta l'America Latina e che diventò un emblema). Tutto ebbe inizio lì: «Lunedì 12 novembre 2018, alle cinque del mattino, facemmo *click* sul tasto "pubblicare", e da allora non ci siamo fermate», aggiunge Robles, che è anche ideatrice della grafica del sito.

La mappa interattiva[30] che accompagna la ricerca, realizzata dal visualizzatore David Eads, marito di Mago, mostrò per la prima volta quello che le famiglie alla ricerca ripetevano: che il Messico era un paese pieno di fosse clandestine. Sulla mappa, vedevamo, man mano, come il ritrovamento di fosse si andasse estendendo, come un virus, per tutto il territorio nazionale. Il reportage, pubblicato ed edito da *Quinto Elemento Lab* fu distribuito a venti media nazionali, e con esso demmo anche alla luce il nostro portale di notizie *www.adondevanlosdesaparecidos.org*, dedicato al giornalismo investigativo, con cui ci impegnavamo a continuare il compito di seguire la scomparsa di persone in Messico.

«Con voi ci sentiamo protette, adesso sappiamo che c'è qualcun altro che cerca, esattamente come noi, e questo per noi è importantissimo», disse Mirna Nereyda, attivista de *Las Rastreadoras* di El Fuerte, nello Stato di Sinaloa, la quale ci accompagnò alla conferenza di presentazione del progetto nella *Casa Refugio Citlaltépetl* di Città del Messico. All'indagine «Il paese delle duemila fosse» furono conferiti tre premi, tra cui il Premio Gabo, assegnato dalla *Fundación Gabriel García Márquez*, e il premio di giornalismo investigativo da parte della *Conferencia Latinoamericana de Periodismo de Investigación* (*COLPIN*) nel 2019. Con essi potemmo pagare alcune delle spese affrontate durante la ricerca, svolta in forma volontaria nel tempo libero.

Il progetto collaborativo, nelle parole della ricercatrice in Scienze Sociali, Carolina Robledo, del Gruppo di Ricerca in Antropologia Sociale e Forense (GIASF), «ci aiuta anche a ricostruire ciò che è stato così sistematicamente smantellato, a rimettere insieme ciò che è stato smembrato, e a pensare al senso che tutto ciò possa avere, perché la violenza ci lascia sull'orlo di un abisso».

Da quando lanciammo il nostro portale di notizie, abbiamo voluto abbracciare ogni aspetto: fare reportage nelle regioni, accompagnare le famiglie nella loro ricerca, inserire ogni fossa nella mappa, raccontare i casi di persone scomparse e fare, con tutto ciò, un grande mosaico di storie. Il desiderio, però, si scontrava con la realtà: eravamo poche, non avevamo fondi, e il compito non solo ci faceva soffrire, ma superava anche le nostre capacità. Alla fine del 2018, quasi al momento in cui avviavamo il sito, organizzammo una prima formazione nello Stato di Morelos, con giornalisti di dodici Stati del paese e colleghi di Guatemala, Perù e Colombia che ci parlarono della giustizia «transizionale» e dei processi riparativi.[31]

Nel novembre del 2019 decidemmo di invitare giornalisti impegnati a seguire le sparizioni, in modo da costruire contatti nelle loro regioni, conoscere meglio la situazione all'interno del paese, e comprendere le dinamiche locali della violenza. Fu così che ideammo la possibile creazione di una rete di giornalisti specializzati, e che realizzammo un primo incontro di quattro giorni con quarantasei professionisti del paese – specialmente dell'Ovest – nella città di Guadalajara.

Questo primo incontro, oltre a metterci alla prova emotivamente, ci permise di scambiare prospettive sul nostro lavoro con le famiglie degli scomparsi, discutere la capacità del giornalismo nel riuscire a seguire la sparizione di persone; con esso definimmo i primi schemi metodologici di lavoro collettivo e ricevemmo un orientamento teorico su osservazione e approccio al compito, a partire dall'Antropologia forense e come processo storico, in modo da formulare una narrazione emancipatrice. A oggi, siamo ottantaquattro giornalisti a fare formalmente parte della rete.

Le linee guida del nostro lavoro erano gli interrogativi «Come capiamo?», «Come seguiamo?", «Come raccontiamo?», «Come abbiamo cura di noi?». E quando affrontammo il tema della cura di noi stessi, realizzammo che molti di noi si sono caricati di colpe, incubi, tristezza, dubbi e paure, tutti generati dal compito che ci siamo dati. Essere giornalisti in Messico è già di per sé pericoloso: in particolar modo, indagare sulle sparizioni è un lavoro ad alto rischio, sia assistendo le famiglie nelle loro ricerche sul campo che nelle loro denunce, facendolo, inoltre, da piccoli media, indipendenti, nonché in luoghi ad alto indice di violenza. Secondo l'associazione *Artículo 19*, durante gli ultimi due decenni, nel paese sono stati assassinati almeno centosessantatré giornalisti e ventiquattro sono scomparsi, fatti che trasformano il Messico in uno dei paesi più pericolosi al mondo in cui esercitare questa professione.

Tuttavia, nonostante i pericoli e gli ostacoli, grazie all'impulso di un gruppo di giornalisti che man mano si sono aggregati, e a quello della comunità di colleghi, a oggi abbiamo pubblicato duecentodieci voci nel nostro sito web, in cui abbiamo reso visibile l'enorme lavoro delle famiglie che cercano i propri cari, abbiamo anche affrontato temi quali la crisi del sistema giudiziario in Messico[32] e abbiamo accompagnato processi di memoria e giustizia in diverse regioni del paese.

«In "*A dónde van los desaparecidos*" ci siamo chiesti come poter trattare questa tragedia, riconoscendo che non possiamo raccontare ogni singolo caso. Questo interrogativo-guida ci ha condotto a indagare e tentare di svelare gli schemi ricorrenti, territoriali e temporali, dietro le sparizioni (...), così siamo riusciti a pubblicare lo speciale "*Crisis Forense*", con cui abbiamo cercato di spiegare il crollo del sistema giudiziario messicano. Per la prima volta, abbiamo rivelato quanti corpi senza identità c'erano nel paese, e dove erano stati depositati dentro il labirinto della burocrazia giudiziaria, facendo un ritratto della crisi con storie di varie regioni del paese», racconta Efraín Tzuc, che si occupa di analisi di dati per «*A dónde van los desaparecidos*».

Nel novembre del 2020 presentammo la nostra prima serie di podcast, «*Camino a encontrarles*», accompagnati da reportage scritti, che fanno un resoconto degli strumenti e metodi di ricerca che gruppi di familiari di scomparsi hanno sviluppato per la localizzazione delle persone; i podcast comportarono lo svolgimento del lavoro sul campo durante la pandemia. I cinque capitoli furono co-prodotti dall'*Instituto Mexicano de la Radio* e da *Quinto Elemento Lab*. La serie fu considerata tra i dieci migliori reportage giornalistici in America Latina nel 2021 dalla giuria del Premio Gabo, conferito dalla Fondazione Gabriel García Marquez, con sede in Colombia. Ci siamo trasformati in un sito di riferimento per coloro che si occupano di politiche pubbliche che riguardano le persone scomparse, per accademici che collaborano con editoriali, ci passano informazioni, oppure ci invitano a dibattiti pubblici, e soprattutto per le famiglie che si rispecchiano nelle nostre notizie e condividono la nostra informazione. È incredibile come, col semplice audio, siamo in grado di vedere così tanto. «*Camino a encontrarles* è un lavoro straordinario, vi ringraziamo per averci reso visibili nella mera Ricerca dei nostri Scomparsi, delle nostre Scomparse», ha postato Letty Hidalgo di *Fuerzas Unidas por Nuestros Desaparecidos en Nuevo León*.

In questi tre anni di esperienza come collettivo, siamo cresciuti, e a oggi siamo in dodici a formare il gruppo di lavoro interno di «*A dónde van los desaparecidos*». Io coordino il progetto; Aranzazú Ayala si occupa di coordinare la formazione dei giornalisti assieme a Paloma Robles, responsabile dell'assistenza psico-sociale, mentre Thelma Gómez è la curatrice del sito web e mentore del team di reporter di vari Stati del paese, composto da Efrain Tzuc, Erika Lozano, Marcos Vizcarra, Monica Cerbón, Analy Nuño, Astrid Arellano, Lucía Flores, Adrián Montiel e Marcos Nucamendi.

Inoltre, dal 2019 abbiamo creato un gruppo su WhatsApp che conta più di settanta giornalisti di diciotto Stati, in cui ci scambiamo informazioni importanti sulle scomparse, ci monitoriamo, ci sosteniamo, e realizziamo anche seminari spontanei su temi che ci interessano come il racconto della memoria.

Abbiamo anche organizzato laboratori con altre organizzazioni. Il Comitato Internazionale della Croce Rossa ci ha formato su temi di Medicina legale, il team argentino di Antropologia forense ha tenuto un seminario di visualizzazione di dati, l'organizzazione Bellingcat – attraverso *Quinto Elemento Lab* – ci ha invitato a ottenere informazioni per le ricerche usando «fonti aperte», come feste o locali pubblici, tra le altre.

«Per me, la rete rappresenta non solo uno spazio essenziale di formazione e specializzazione per comprendere e spiegare le dinamiche delle sparizioni di persone, ma anche un luogo in cui ho trovato compagnia, ascolto e un abbraccio per far fronte, dentro una comunità, a uno scenario che fa perdere le speranze», commenta Astrid Arellano, una giovane giornalista di Sonora.

A partire dalla nostra esperienza personale con l'indagine delle fosse, ci siamo resi conto del fatto che il lavoro sulle sparizioni, essendo doloroso e ad alto rischio, generava condizioni di stress e ansia che rimanevano al margine del lavoro giornalistico. Di fatto, in un questionario sottoposto agli interessati al formare la rete, alcuni compagni riferirono che si sentivano soli nel lavoro, che provavano timore per i rischi collegati alla pubblicazione, per la precarietà lavorativa, e con la sensazione di autocensura di fronte a certe tematiche. Per questo, uno degli obiettivi fondamentali della rete è fornire assistenza emotiva, e a partire da ciò abbiamo realizzato il progetto pilota di sostegno attraverso un approccio psico-sociale.

«Da un po' di tempo, ho fatto il patto con me stessa di non raccontare niente alla mia famiglia del lavoro che faccio e di tentare di non portare a casa tutto quello che mi affligge. Però è molto complicato, ed è diventato ancora più difficile con la pandemia. Ci sono momenti in cui mi sento così triste e ho paura perché vedo tutto quello che sta succedendo, che mi dà ansia, e vado in pezzi», commenta Marcela del Muro, giornalista di San Luis Potosí.

«A proposito della sicurezza psico-emotiva, confesso di essere una persona molto empatica e sento sulla mia carne il dolore altrui. Ho bisogno di lavorare sulla separazione, per scrivere, senza coinvolgermi direttamente nella tragedia», dice Martha Silva, reporter di Guanajuato.

La prima sessione di sostegno emotivo, realizzata giusto qualche giorno fa, ci ha permesso di interiorizzare il nostro «fare» giornalistico e lasciar andare i pesi che si accumulano col lavoro, le colpe per le nostre mancanze, i nostri sforzi, e il timore di non essere all'altezza delle esigenze della famiglia.

Assicurare per noi l'assistenza per le nostre colleghe continua a essere una sfida e una priorità. Sappiamo che, se non elaboriamo l'orrore e il dolore che tocchiamo con il lavoro, potremmo arrivare a esaurirci emotivamente, e non vogliamo che questo accada, vogliamo continuare ad assistere le famiglie. Con il sostegno economico dell'organizzazione tedesca «*Pan Para el Mundo*» siamo riusciti a finanziare alcune delle aree di lavoro della rete, che cerca anche di generare uno spazio sicuro per la pubblicazione di temi collegati alla sparizione di persone, e la creazione di un'aula virtuale per la professionalizzazione del lavoro. La prima attività formale di questa nuova tappa è il diploma in «Giornalismo e memorie della sparizione», istituito in collaborazione con «*Hacemos Memoria*», dell'Università di Antioquia, in Colombia. A questo abbiamo preso parte in quarantadue, tra giornalisti del Messico e della Colombia.

«Questo primo diploma ci ha fatto rendere conto dell'interesse di un numero sempre maggiore di giornalisti per la formazione e per la partecipazione al progetto della rete, a essere assistiti, e ha anche rafforzato l'idea dell'importanza del lavoro di collaborazione con altri team di paesi diversi. È molto interessante condividere visioni su come si lavora sulle sparizioni nei rispettivi paesi, con storie tanto simili e allo stesso tempo con le loro specificità», dice Aranzazú Ayala, giornalista di Puebla e coordinatrice della formazione.

Nelle parole di Marcos Vizcarra, giornalista di Sinaloa ed editorialista del sito, «questa rete ha significato un sostegno, una guida e un ausilio, perché grazie a essa ho potuto rendermi conto e riconoscermi come giornalista di fronte alle vittime. C'è stato un periodo in cui mi sono addentrato così tanto nel documentare casi di persone scomparse che mi sono allontanato da me stesso, mi sono trascurato e non me ne rendevo conto. Ascoltando i miei compagni della rete ho realizzato che non era normale, e che dovevo lavorare su me stesso. È stato un processo lungo e necessario, positivo e arricchente. Mi ha anche fatto comprendere come lavorare in gruppo, come svolgere un lavoro di comunità e come migliorare l'approccio».

Per potenziare il nostro compito, per collaborare, per far sì che il lavoro abbia un maggiore impatto, per prenderci cura di noi, per assisterci l'un l'altro e non sentirci soli e sole: queste sono alcune delle ragioni per cui esiste la rete di giornalisti specializzati nel seguire la sparizione di persone in Messico. Nonostante ci sia molto da fare e da consolidare, il progetto possiede sempre più forza e sostegno e fa i suoi primi passi, con l'obiettivo di poter stare in piedi da solo. I suoi frutti sono visibili.

3
La Brigada Nacional de Búsqueda

di Aranzazú Ayala Martínez

Dal 2016, la *Red de Enlaces Nacionales* organizza *Las Brigadas Nacionales de Búsqueda*, che si sono trasformate in scuole in cui familiari di *desaparecidos* di tutto il Messico imparano come cercare e condividono i loro saperi.

È sabato pomeriggio, l'8 febbraio 2020, proprio l'ora in cui il sole è più brillante e abbaglia quando batte sulla parete di mattoni della *Casa de la Iglesia* di Papantla, nello Stato di Veracruz, rendendo difficile leggere le proiezioni della particolare lezione di oggi: come annotare sul registro i reperti rinvenuti in una fossa clandestina.

Gli allievi sono per la maggior parte donne, leggono con attenzione i fogli che vengono loro consegnati. Sono questionari dove dovranno annotare se il reperto è uno scheletro o un resto umano, il tipo di terreno dove è stato rinvenuto, le caratteristiche della parte, la data del ritrovamento e il nome della persona che lo ha effettuato.

Loro non sono antropologhe forensi. Molte erano casalinghe fino a quando sono dovute andare a cercare uno o più familiari scomparsi, come ormai è pratica comune in Messico, dove non c'è traccia di 75mila persone disperse. Terminata la lezione, passeranno dalla teoria al lavoro sul campo, dove cercheranno fosse clandestine reali. Loro, e gli uomini qui presenti, fanno parte della *Brigada Nacional de Búsqueda*.

«Ho imparato molte cose sulla ricerca, per esempio a cominciare dal "leggere la terra". In un terreno pieno di sterpaglie, d'improvviso, vedere il tipo di vegetazione... questo si impara, e anche condividere, perché, come alcuni sanno, si viene a sapere chi ha partecipato a ricerche, chi è stato a vigilare sul processo di esumazione...»

Questo lo racconta Fabiola Pensado, una delle allieve che ha frequentato varie volte questa lezione, e che si è iscritta per cercare suo figlio Argenis Yosimar Pensado Barrera, scomparso a Xalapa nel 2014.

Il programma non sorprende neanche Tranquilina Hernández, che cerca sua figlia Mireya

Montiel, scomparsa a Cuernavaca, nello Stato di Morelos, dal 2014, e Yadira González, che è qui per suo fratello Juan, che cerca dal 2006, entrambe veterane in questo tipo di ricerche. Sanno bene come orientarsi sul campo, come usare lunghi tondini di ferro, vanghe e picconi, e come farli affondare fino a una certa profondità per non frantumare ossa; sono in grado di identificare le parti di uno scheletro e conoscono le procedure per custodire ogni reperto.

Secondo Tranquilina Hernández, è grazie a questa formazione se hanno potuto trovare resti umani.

«Ad Amatlán facemmo vari ritrovamenti, costringendo la Procura ad ammettere che "sì, sono ossa umane"»: lo racconta con orgoglio, perché ricorda che durante le prime ricerche, quando annunciavano qualche scoperta, le autorità dicevano immediatamente che ciò che (le *Brigadas*) avevano trovato erano pezzi di legno, non ossa. «È frustrante – dice la donna – perché, a parte il fatto che tu fai il lavoro per loro, osano ancora dire che noi non sappiamo, quando invece abbiamo seguito laboratori, ed è proprio per questo che ci prepariamo prima di andare».

È facile scoprire chi è alla prima esperienza, perché glielo si legge in faccia. Dover parlare di sepolture clandestine per loro è non è facile, nonostante sappiano che è necessario, perché il governo non cerca le persone scomparse. Una nuova leva è Victoria Rosales, che dal 2017 cerca sua figlia Nadia Guadalupe, scomparsa a Puebla.

Terminato il corso, viene inaugurata la *Quinta Brigada Nacional de Búsqueda* che nel 2020 ha radunato in questa punta del Golfo del Messico trecento persone di settantuno *colectivos de buscadores* del paese, provenienti da ventuno Stati della Repubblica, e di organizzazioni di solidarietà. La maggior parte viene dal Sud o dal Nord, ma ci sono anche persone che arrivano dal Guerrero, da Puebla o Coahuila; dalla Bassa California, dallo Stato del Messico, da quelli di Morelos, Querétaro, Michoacán o Jalisco.

La nascita della rete

L'idea di creare questa scuola teorica e pratica per personas buscadoras sorge dalla tragedia di una madre: María Herrera Magdaleno.

Doña Mary, o *mamá* Mary, come la chiamano le sue compagne, era una massaia e commerciante che viveva a Pajacuarán, nello Stato di Michoacán.

Il 28 agosto del 2008 aspettava due dei suoi otto figli per predisporre il suo posto al mercato. Jesús Salvador e Raul Trujillo Herrera sarebbero dovuti tornare dallo Stato di Guerrero, dove si erano recati con cinque colleghi di lavoro, ma non arrivarono. Non si fecero più vivi.

Per due anni, lei e gli altri figli si dedicarono a cercarli. Denunciarono la loro scomparsa alle autorità, prosciugarono i risparmi per fare indagini per conto proprio, ingaggiarono persino investigatori privati, ma non ebbero alcun risultato. Due anni dopo, un altro incubo: il 22 settembre 2010 Gustavo e Luis Armando, altri due figli di *Doña* Mary, scomparvero lungo una strada nella zona Nord di Veracruz.

«Mi accadde la stessa cosa che era successa prima, e anche questa volta mi fece totalmente crollare, non sapevo cosa fare, a chi ricorrere; le autorità non mi diedero nessun aiuto», racconta di quei mesi *Doña* Mary. Nel marzo del 2011 venne a sapere della nascita del *Movimiento por la Paz con Justicia y Dignidad*, capeggiato dal poeta Javier Sicilia,[33] il quale iniziò a camminare per il paese per chiedere giustizia per l'uccisione di suo figlio. La sua protesta si trasformò in un movimento nazionale per le vittime della violenza della guerra contro il narcotraffico, tanti familiari attraversarono il paese insieme a lui. Tenevano incontri nelle pubbliche piazze, si riunivano con le autorità, parlavano con la gente, mentre, lungo il cammino, si aggiungevano sempre più persone colpite dalla violenza, che in Messico esplodeva senza controllo.

«Quando venni a sapere di questo movimento, corsi a presentarmi a Javier Sicilia, e chiesi a tutto il suo gruppo di aiutarmi», dice la madre che cercava quattro figli, e che si è trasformata in un simbolo del movimento. María Herrera percorse il Sud del Messico con il corteo di centinaia di disperati, poi fecero un'altra carovana verso la frontiera settentrionale, e una terza verso gli Stati Uniti. Convinse i figli Juan Carlos e Miguel a unirsi al movimento con lei.

Due anni dopo, la famiglia Trujillo Herrera decise di abbandonare il movimento, che aveva ottenuto vittorie come l'approvazione della legge sulle vittime,[34] perché sentiva che mancava un'organizzazione creata dalle famiglie stesse, la cui urgenza di trovare i parenti guidasse le azioni e funzionasse da diversi luoghi del paese.

Juan Carlos si era trasferito a Città del Messico per dedicarsi, con sua madre, a cercare a tempo pieno, ed ebbe l'idea di formare una rete di gruppi. «Noi pensiamo che non si può continuare così, come associazioni nazionali abbiamo la necessità di generare un processo di apprendimento in cui le famiglie siano gli attori principali».

Cominciarono mettendo in pratica ciò che avevano appreso con Javier Sicilia: marciarono in corteo verso diversi Stati in cui invitavano famiglie che vivevano la loro stessa tragedia a creare un'organizzazione nazionale. Al ritorno dagli Stati di Guerrero, Jalisco, Coahuila e Michoacán, quando pensavano di aver venduto invano le loro automobili per finanziare quei viaggi da cui non avevano ottenuto risposta, Mary e i figli iniziarono a ricevere messaggi con parole tipo «Quando cominciamo? Siamo pronti».

Nel 2013 formarono l'organizzazione *Familiares en Búsqueda María Herrera* e, quasi parallelamente, la *Red de Enlaces Nacionales*. I primi passi li mossero nei corridoi di istituzioni pubbliche, dove facevano pressione per la creazione di leggi o chiedevano strategie di ricerca nelle procure, ma si scontravano sempre con l'inerzia delle autorità, rimanendo con un'enorme frustrazione.

Nell'ottobre del 2014, giorno in cui Juan Carlos Trujillo lesse le notizie sulle ricerche dei quarantatré studenti di Ayotzinapa scomparsi a Iguala, nello Stato di Guerrero, si sentì scosso al vedere molte altre famiglie di *desaparecidos* nella zona unirsi per andare nei campi a cercare resti umani.

Tra loro, venne a sapere di Mario Vergara, un uomo di Huitzuco che cercava suo fratello Tomás, sequestrato il 5 luglio 2012, e che – a partire dalle spedizioni nei campi assieme al gruppo che battezzarono «*Los Otros Desaparecidos*» – cominciava a essere conosciuto per aver dissotterrato decine di corpi.

Vergara e Trujillo si «riconobbero» subito. Uno aveva esperienza di ricerca, l'altro di pubbliche relazioni. Capirono immediatamente di essere complementari.

Il famoso *buscador* di Huitzuco ricorda il momento in cui si contattarono tramite social network: «Fu così che nacquero molti sogni e speranze da parte loro (i Trujillo): noi eravamo neofiti nella lotta e rinvenivamo corpi, loro nella lotta avevano acquisito molta esperienza ed erano diventati esperti di gruppi di lavoro, riunioni, incontri con autorità, ma non ritrovavano corpi. "Voi state da quel lato del ponte e noi da questo, c'è un abisso sotto, ma voi state arrivando a quello a cui noi vogliamo arrivare"». Da questo incontro di saperi, l'idea di convocare *personas buscadoras* di tutto il paese e organizzare una ricerca di fosse clandestine, durante la quale si potessero condividere conoscenze, tecniche e strumenti sviluppati davanti alla disperazione del non trovare i propri cari.

L'8 aprile del 2016 nacque la prima scuola di *personas buscadoras*, battezzata *Primera Brigada Nacional de Búsqueda*, inaugurata nell'auditorium del *Centro de Derechos Humanos Miguel Agustín Pro Juárez* a Città del Messico, da cui partirono circa cinquanta persone appena formate in tecniche forensi ad Amatlán, nello Stato di Veracruz, il primo luogo eletto per l'addestramento.

Dallo Stato di Morelos, Tranquilina Hernández arrivò a quel seminario decisa solo ad assistere alle lezioni, senza collaborare alle riesumazioni: «(Juan Carlos) mi disse che avremmo seguito un laboratorio, e io dissi "be', frequenterò il laboratorio, ma non parteciperò alla ricerca". Quando mi trovai al corso, scoprii che istruiva su come guardare il terreno, su come si osserva il suolo smosso, quindi mi interessava sempre di più e dissi "meglio che io partecipi alla ricerca, perché voglio vedere (tutto questo) dal vivo, voglio imparare bene, voglio metterlo in pratica, tutto qui, nient'altro"».

Lei ricorda ancora come in quel viaggio imparò a distinguere le ossa umane da quelle animali, a capire come si vedeva il suolo in cui si era scavato, ad analizzare il terreno. Di ritorno a casa, cominciò a insegnare ad altre compagne anche i diritti delle famiglie delle vittime.

Tra le prime generazioni di questa scuola improvvisata, a tenere le lezioni sono passate persone con varie tecniche, come il *Grupo VIDA* dello Stato di Coahuila, i cui componenti impiegavano droni per ricerche in zone proibitive; conterranei dagli Stati Uniti che avevano imparato a percorrere deserti alla ricerca di migranti dispersi; contadini che avevano inventato lunghi tondini di ferro a forma di "T" per scavare la terra senza scorticarsi le mani; gente di città che ideò tecniche per cercare persone detenute nelle carceri, da reti per la tratta di esseri umani o in centri di rieducazione, e *rancheros* che si presentarono come esperti nell'ottenere informazioni, dai guardiani di bestiame, sull'ubicazione di accampamenti di criminali.

La *quinta brigada* a Papantla, nel febbraio del 2020, sembrava una fiera dei saperi: dal rilevamento di fosse alla pressione sulle autorità; dall'assistenza psicologica ed emotiva ai familiari di vittime alla formazione a bambini e bambine sul problema; dal conseguimento di risultati alla creazione di protocolli di sicurezza per zone a rischio.

In ogni *brigada* si accumulano nuovi saperi.

Imparare, insegnare e condividere

Domenica 9 febbraio i *buscadores* si svegliano presto per arrivare alla messa delle otto del mattino nella parrocchia di Papantla. La chiesa, con un'ampia scalinata di pietra e il tradizionale *palo volador*[35] davanti al sagrato, è affollata. I banchi non bastano per i fedeli e, nonostante sia annuvolato, si sente molto caldo.

Questa non è una funzione religiosa come le altre: i forestieri riempiono striscioni con le fotografie dei familiari scomparsi, e questi volti tappezzano la scalinata dell'altare. Le parole del sacerdote sono interrotte dal grido «Dove sono?», «Dove sono?», «Dove sono i nostri figli?» che rimbomba nella chiesa. «Cos'è la quinta brigada? Siamo tutti noi. Siamo un mondo di famiglie di *desaparecidos*, quando non dovrebbe essere così», spiega qualcuno dal pulpito.

Seguono testimonianze. La voce più potente è quella di *Doña* Mary, che implora informazioni: «Oggi ripongo un po' di questa fiducia, sperando, in un gesto di misericordia da parte vostra, affinché ci parliate, ci sosteniate, trasformiate in realtà questo sogno che nutrono tanti di noi familiari, tante di noi madri che abbiamo figli scomparsi. Poter andar via con questi tesori che per noi sono i nostri figli, dipende da voi. Sappiamo che probabilmente troveremo solo i loro resti. Aiutateci a dare loro una sepoltura cristiana».

Terminata la messa, i componenti della *brigada* marciano per le strade del centro della città, impregnata di calore umido, riparata, all'orizzonte, da fitte alture.

Al ritorno in chiesa del gruppo, due sacerdoti benediranno i picconi, le vanghe, i machete, le corde, le imbracature e i lunghi tondini di ferro con cui verrà pulito il terreno umido pieno di sterpaglie, rimossa la terra bianca, verranno frantumate le pietre, perforate le superfici, nella speranza di ritrovare il proprio caro.

L'indomani, lunedì, inizia il periodo di quindici giorni in cui queste persone cercano fosse e cadaveri in campi incolti, fattorie, laghi e monti, indicati da qualche informatore. Dato che le aree che esplorano sono stati siti di accampamento di criminali, luoghi di sterminio, spazi di tortura, non vi si recano fino a quando un gruppetto di loro non effettua un sopralluogo per assicurarsi che ci siano le condizioni adeguate per il *rastreo*, senza mettere a repentaglio i componenti della *brigada*.

Quando si annuncia che il terreno è esplorabile, ognuno si raccomanderà al proprio Dio, alle divinità, ai Santi. Tutti chiederanno protezione durante la ricerca, imploreranno affinché la giornata porti risultati, e pregheranno che il familiare scomparso possa tornare a casa, che i corpi in attesa in un luogo oscuro, sottoterra, possano essere ritrovati.

«Adesso sì, andiamo diretti alle fosse, in posti in cui ci dicono di aver notato qualcosa di strano, su cui hanno visto arrampicarsi furgoni con determinate caratteristiche. Alcune volte andiamo a caso, solo perché la nostra sensazione o il nostro pensiero ci porta lì, mentre in altre occasioni ci muoviamo seguendo un indizio», spiega María Herrera.

In queste settimane di febbraio perlustreranno e setacceranno un territorio conosciuto come «La Gallera», dove, a quanto ne sanno, i criminali carbonizzavano i resti delle loro vittime per non lasciare traccia. Dove sarà più probabile trovare frammenti, anziché scheletri. *Doña* Mary descrive l'orrore perpetrato in quel luogo.

«Mischiavano resti di animali, cioè ossa, assieme a quelli umani. Per noi, tutti i laboratori che abbiamo frequentato con gli antropologi sono stati una benedizione, perché ci hanno insegnato a riconoscere le ossa, anche se lì troviamo tutto mischiato. È per questo che ci siamo resi conto che lì massacravano i nostri figli, perché abbiamo trovato resti, e l'altro motivo è che abbiamo visto tracce evidenti di torture perché c'era una parete di impronte insanguinate di mani che sono rimaste lì impresse. Nonostante si veda che abbiano tentato di lavarle via, perché volevano cancellarle, non ci sono riusciti», spiega. La ricerca in luoghi di sterminio come La Gallera, dice, «è la più crudele, la più dura, la più tremenda».

Il primo giorno di ricerca, le famiglie si organizzano in gruppi. Le assistenti volontarie, tra cui antropologhe forensi, vanno assieme alle *buscadoras* più esperte come Yadira González, di Santiago de Querétaro, o Mario Vergara, dello Stato di Guerrero, che spiegano come dividersi il territorio per perlustrarlo. E ripassano: per prima cosa devono ripulirlo; poi ispezionarlo; devono contrassegnare i punti in cui trovano qualcosa di sospetto, come suolo rimosso o rigonfiamenti nel terreno, vegetazione di colore diverso, fauna o insetti che si nutrono di corpi in decomposizione. Una volta confermato il ritrovamento, porteranno i cani specializzati.

Termineranno il lavoro poco prima del tramonto, quando il sole e il calore tropicale arrivano al culmine. Allora saliranno sui pullman che li riporteranno alla *Casa de la Iglesia*. Dopo cena, prima di dormire, condivideranno i risultati ottenuti sul campo o in città. Le lezioni non sono finite: alcuni tireranno fuori i quaderni per annotare quello che hanno imparato quel giorno.

«*Cercando, ci incontriamo*»

Dall'avvio della Red, nel 2013, si sono unite organizzazioni che si definiscono *acompañantes solidarias* come *Reverdeser Colectivo*, *Brigada de Paz Marabunta* e *Iglesias por la Paz*, che a

Papantla hanno collaborato per la logistica, dato ausilio per le ricerche di campo e sviluppato altre attività, come la diffusione della cultura della pace, che mira alla sensibilizzazione sul problema e al recupero del tessuto sociale per evitare che altre persone scompaiano.

In questi anni, le *brigadas* hanno aumentato sempre più i loro obiettivi di lavoro: non solo cercano fosse per trovare corpi, adesso cercano anche persone in vita. Per questo motivo, mentre un gruppo scava nell'area de La Gallera, un altro visita carceri e centri di rieducazione. Un altro ancora incontra autorità e riunisce persone nelle chiese e nelle scuole, per parlare loro della sofferenza che le sparizioni causano.

È venerdì. La pioggia, che minacciava di cadere da vari giorni, non si contiene e cade copiosa su Papantla, dissuadendo diversi componenti del *grupo de rastreo* dal salire sulle alture. Fabiola Pensado e Tranquilina Hernández raggiungono i giovani di Marabunta impegnati nelle attività nelle scuole.

Nel cortile di una scuola elementare, legano uno spago che servirà ad appendere un telone con le fotografie delle persone di cui sono alla ricerca. Davanti a bimbe e bimbi riuniti in gruppo, le donne parlano al microfono della ricerca dei propri figli. Negli intervalli, i piccoli assistono a spettacoli di giocolieri, clown e musicisti che, attraverso l'arte, promuovono la cultura della pace e trattano il fenomeno delle sparizioni.

«Se hai voglia di gridare: "Fino a quando non li avremo ritrovati!"», canta un musicista, e il pubblico di bambini risponde in coro: «Fino a quando non li avremo ritrovati»;

«Se hai ragione, e non vieni fermato, non tenerti la voglia di gridare: "Fino a che non li avremo ritrovati!"», canta con gioia l'artista;

«Fino a quando non li avremo ritrovati!" ribattono in coro i bambini, che poi salutano i visitatori con un abbraccio collettivo.

Il 22 febbraio la *brigada* si conclude. Ogni partecipante ritorna al proprio paese di provenienza, dopo aver trovato pochi resti e molti frammenti ossei, e dopo aver tracciato un programma affinché i gruppi locali continuino la ricerca ne La Gallera. Rimarranno in contatto, in attesa della successiva convocazione a una *búsqueda* per continuare a condividere le esperienze. Come recita il motto della *brigada*, «cercando, ci incontriamo».

4
La ricerca delle madri[36]

di Marcos Vizcarra

Nel Nord dello Stato di Sinaloa c'è un *colectivo* di donne che ha ritrovato più di duecento corpi in fosse clandestine e ha contribuito a identificare almeno ottanta di loro grazie alla messa a sistema di informazioni dettagliate e alla raccolta di dati riservati delle persone scomparse.

Quando una donna perde la propria figlia, il marito, la sorella, o la cognata, indossa una maglia di colore bianco, simbolo della promessa che cercherà fino a quando non avrà ritrovato il proprio caro. Indosserà un indumento di quel colore ogni giorno. A volte sulla blusa c'è la fotografia del familiare scomparso, altre volte solo la frase «ti cercherà fino a quando non ti avrà ritrovato». Al compimento di quella promessa, la donna potrà cambiare la maglia.

Alla radio locale si sente la notizia: «componenti de *Las Rastreadoras* hanno ritrovato i corpi di due persone». È il 21 maggio del

2020. La voce dello speaker è seria, il tono triste. Si riferisce a *Las Rastreadoras* di El Fuerte, un *colectivo* formato da più di seicento famiglie che cercano *desaparecidos* nel Nord dello Stato di Sinaloa.

Quel giorno furono in grado di ritrovare i due corpi grazie alla chiamata di un informatore anonimo che aveva rivelato l'ubicazione a Mirna Nereyda Medina Quiñónez, fondatrice dell'organizzazione. Un paio d'ore dopo quel ritrovamento a Los Mochis, dietro una zona conosciuta come «La Cartonera», le donne ritrovarono il corpo di un'altra persona in un'altra fossa clandestina. Il *colectivo* ha ritrovato più di duecento persone in sei anni con lo stesso metodo: accettare la collaborazione di informatori anonimi. Questo metodo, tuttavia, non servirebbe a nulla se prima non avessero creato un database. È un archivio talmente esteso ed efficace che qualsiasi ufficio legale lo invidierebbe. In esso conservano informazioni dettagliate, dati riservati e descrizioni particolareggiate di persone scomparse che possano contribuire alla loro identificazione, come cicatrici, tatuaggi, nei, o qualche segno di riconoscimento congenito: cose che rendono uniche quelle persone. Le informazioni che

Las Rastreadoras hanno raccolto sono tanto importanti quanto le ricerche sul campo, dato che non solo hanno ritrovato corpi, ma con quei dati hanno contribuito a identificarli.

Nel territorio dello Stato di Sinaloa ci sono almeno 4.977 *desaparecidos*, secondo la *Comisión Nacional de Búsqueda*. La prospettiva è poco incoraggiante: dal 2018 al mese di luglio del 2020, sono state ritrovate almeno 151 fosse clandestine, da cui sono stati dissotterrati 253 corpi.

Quello Stato è il quinto per numero di casi di sparizioni, e il secondo nel registro per fosse clandestine in Messico. Tra il 2010 e il 2019, la Procura di Stato ha registrato la riesumazione di 547 corpi e più di 10mila resti di ossa umane.

La maggior parte di questi ritrovamenti è stata fatta da gruppi di familiari di persone scomparse che hanno dovuto imparare tecniche forensi, come è accaduto a *Las Rastreadoras* di El Fuerte. I carnefici, secondo quanto ha riferito in un'intervista il Procuratore Generale dello Stato, Juan José Ríos, sono principalmente gruppi criminali, nonostante una relazione della *Comisión Estatal de Derechos Humanos*, basata sull'analisi di 338 dossier, indichi che almeno in 142 casi siano implicati poliziotti municipali, statali, membri dell'Esercito, della Marina, della Polizia federale, e perfino funzionari della SEP.[37]

La mancanza di coordinamento tra la Procura di Stato e il Sistema Statale di Sicurezza Pubblica si traduce in pochi ritrovamenti da parte delle autorità. Nel frattempo, *Las Rastreadoras* di El Fuerte – chiamate così dal giornalista Javier Valdez[38] – continuano alacremente le loro ricerche impellenti per ritrovare figlie e figli scomparsi.

Sole, senza alcuna protezione, hanno attraversato Ahome, Choix, Guasave ed El Fuerte, in zone dove operano gruppi criminali dediti alla produzione e al traffico di droga verso gli Stati Uniti e l'America Centrale, con un bilancio di 10mila omicidi in dieci anni, la migrazione forzata di oltre 34mila persone e quasi 10mila *desaparecidos*.

Sin dalla fondazione del movimento, nel 2014, *Las Rastreadoras* cominciarono a ricevere messaggi di testo o vocali, mappe disegnate a mano o immagini da cellulari da parte di fonti anonime che provavano compassione al vederle con picconi e bastoni a cercare corpi sulle alture, guidate solo dalla loro intuizione verso luoghi in cui poter trovare sepolture.

«Noi non sappiamo chi sono coloro che ci parlano, però immaginiamo che a rapire i nostri figli siano stati in tanti, penso che siano coinvolti perfino dei poliziotti», denuncia Mirna Nereyda Medina Quiñónez, che ha cercato per tre anni suo figlio Roberto Corrales Medina, e lo ha trovato nel 2017, grazie a una di queste soffiate.

«E se queste persone sono gli aggressori?» viene chiesto alla fondatrice di *Las Rastreadoras* di El Fuerte. «Forse è proprio così, e non possono più avere a che fare con la propria coscienza, non sono tranquilli, e noi, che possiamo fare? Non siamo poliziotti, e quello che vogliamo è trovare i nostri tesori scomparsi», risponde seduta davanti a una scrivania sui cui ha collocato una dozzina di dossier con le fotografie, i numeri di telefono e i nomi delle persone che sono state strappate via alle famiglie.

Donne come Reyna Isabel Rodríguez Peñuelas, madre di Eduardo González Rodríguez, scomparso con sua cognata Zumiko Lizbeth Félix Ortega il 9 febbraio 2016 a Guasave, sospettano dell'inerzia delle autorità che non indagano.

«Al governo non interessa, a loro non importa cercare i nostri scomparsi, e ovviamente noi siamo le più motivate, vogliamo ritrovarli: in un modo o nell'altro, devono ricomparire», dice la *Rastreadora*.

L'inerzia delle autorità ha spinto queste donne a dover fare due tipi di ricerca: quella sul campo e quella alla scrivania. Nel 2016 hanno affittato un locale in un centro commerciale di Los Mochis, come magazzino in cui depositare gli attrezzi; poi si sono rese conto che poteva avere un altro utilizzo.

All'ingresso, un cartello recita: «Diritti Umani». Le finestre sono tappezzate di fogli bianchi, schede identificative, dozzine di foto in cui si legge «Hai visto...?», seguito da un memoriale improvvisato in cui spiccano questi nomi: «José Francisco Ramírez García, scomparso il 10 giugno del 2017»; «Jesús Izaguirre Valenzuela, l'ultima volta che fu visto era il 3 maggio 2015, a Sonora»; «Antonio Alan Rubio Escalante, di Choix»; «Pedro Ventura Medina Quevedo, di Culiacán».

«Abbiamo deciso di fare uno striscione che mostrasse le persone che sono state individuate. In questo caso, sulla parete in fondo, ci sono le foto di coloro che abbiamo ritrovato», racconta Mirna, mentre prende un raccoglitore beige. Suo figlio Roberto si trova tra quei ritratti.

In quell'ufficio, Mirna mostra fascicoli accatastati sulla sua scrivania. Li tiene classificati per sesso, anno e Comune di nascita. Alcuni sono casi su cui indaga la Procura locale; su altri, la Procura Generale della Repubblica. Da una scatola prende alcuni taccuini: contengono appunti su fatti importanti. Si legge una lista: «chiamare i familiari per effettuare le analisi forensi»; un'altra: «chiedere maggiori informazioni sulla scomparsa».

Nei fascicoli si descrivono tutte le attività in cui intervengono avvocate, magistrate, psicologhe, assistenti sociali e funzionarie delle commissioni di ricerca e per le vittime, e in essi si annota ogni singola ispezione delle fosse, attraverso un registro. Si raccolgono foto, video e audio di ogni ritrovamento.

Michelle García Parra, una giovane volontaria di 21 anni, laureata in Marketing nel 2019, si occupa di inserire i dati nell'archivio. Anche lei deve prestare molta attenzione quando *Las Rastreadoras* le riferiscono le notizie, in modo da porre loro domande sulle caratteristiche delle persone scomparse.

«Quello di cui mi occupo è creare le schede dei *desaparecidos*, che riguardano tutta la modalità in cui si è verificata la scomparsa», spiega la giovane, mentre apre uno di questi dossier che ha digitalizzato e poi ordinato in colonne nelle schede in formato Excel. «Chiedo la data di nascita, quella di scomparsa, le caratteristiche principali, per esempio se aveva dei ferri ortopedici, apparecchi ai denti, oppure tatuaggi: tutti particolari utili all'identificazione. Alcuni familiari vengono di persona a fare la denuncia, altri semplicemente attraverso il contatto su internet o attraverso il cellulare», dice.

Michelle arricchisce e rivede la banca dati mentre risponde al telefono per raccogliere e registrare nuove denunce, elabora schede con le caratteristiche degli scomparsi e richiede dati sia dal lavoro sul campo de *Las Rastreadoras* che dalle Procure. La volontaria invia email, acquista biglietti aerei o di autobus affinché le donne possano recarsi presso gli uffici governativi dove sia richiesta la loro presenza, e organizza riunioni a distanza per discutere con organizzazioni nazionali o rilasciare interviste alla stampa.

A volte, il confronto tra le caratteristiche di un corpo appena riesumato e le informazioni dettagliate in possesso sugli scomparsi rivela coincidenze, e accende la speranza che un cadavere senza nome possa essere identificato.

Las Rastreadoras chiamano «tesoro» ogni corpo ritrovato.

«Nell'istante in cui *Las Rastreadoras* individuano un tesoro mi dicono: "ha una placca ortopedica nella gamba sinistra". Io rivedo immediatamente le schede degli scomparsi che hanno avuto interventi per fratture alla gamba in cui hanno inserito ferri; seleziono i profili che si avvicinano di più alla descrizione del tesoro, in modo da escludere altri, man mano, e in questo modo giungere alla conclusione che si tratta possibilmente di due o tre di loro», assicura la giovane. Ciò che segue è correre al Ministero Pubblico e presentare tale informazione, per confermare o escludere se si tratta delle persone su cui hanno formulato ipotesi.

«Se la famiglia ha effettuato l'esame del DNA, è più facile confermare o escludere se quel corpo è del loro caro», conclude.

Michelle García Parra ha saputo continuare un progetto creato dalla sociologa Carolina Robledo Silvestre, coordinatrice del gruppo di Ricerca in Antropologia Sociale e Forense (GIASF) del CIESAS, che nel 2016 e 2017 ha collaborato con *Las Rastreadoras* per documentare il loro lavoro, e ha capito che possedevano dati importanti, storici, che bisognava assolutamente preservare. «In realtà, gran parte di questo lavoro è impresso nella memoria de *Las Rastreadoras*, specialmente nella mente di Mirna, che si ricorda ogni dettaglio, dalla prima ricerca che ha svolto, fino all'ultima. Era necessario fornire una metodologia che permettesse altre forme per conservare questa memoria nel tempo e anche che potesse essere condivisa con altri, soprattutto gli stessi buscadores, in modo da acquisire una strategia per le ricerche, considerando un'analisi dello schema ricorrente delle sparizioni», racconta Robledo Silvestre.

A poco a poco, assieme a *Las Rastreadoras*, ha ordinato taccuini e scatoloni, accumulando ogni dettaglio in un foglio di calcolo diviso in due database. Uno di questi è dedicato a descrivere minuziosamente le fosse clandestine scoperte da loro, e contiene particolari dei ritrovamenti che possano permettere di analizzare il contesto geografico delle localizzazioni, la presunta epoca a cui risalgono i resti, le caratteristiche fisiche dei corpi dissotterrati e gli indumenti o oggetti personali rinvenuti nei paraggi. L'altra banca dati riguarda i *desaparecidos*, con tutte le caratteristiche di ognuno, i particolari, i dati riservati, in modo che servano da documento storico per comprendere il fenomeno delle sparizioni nel Nord dello Stato di Sinaloa.

«Questo database ci ha permesso di misurare la grandezza del fenomeno delle sparizioni, e allo stesso tempo è stato fondamentale per identificare con precisione il profilo delle vittime», dice la ricercatrice in Scienze Sociali. Uno dei risultati della sua analisi, spiega Robledo, è che «i *desaparecidos* erano soprattutto persone che vivevano in condizioni precarie, giovani che non avevano avuto opportunità di accedere all'istruzione, che facevano lavori a cottimo nei campi oppure erano coinvolti nelle economie illegali come manovalanza, cioè rischiando la vita e guadagnando molto poco». Questo lavoro gioca un ruolo fondamentale nei risultati ottenuti da *Las Rastreadoras*. Il metodo è fatto semplicemente di colloqui con le famiglie, appunti sui taccuini, lavoro al computer, inserimento di dati e loro conservazione in diversi database: esattamente quello che ogni Procura dovrebbe fare ma che non fa, di certo non con l'impegno e la meticolosità di queste donne che hanno una promessa da mantenere.

A Ofelia Flores Moreno sequestrarono il marito, José Candelario Espinoza, nel 2017. Lo stesso anno lei si unì a *Las Rastreadoras*. Con loro ha imparato ad assistere e coadiuvare il lavoro per l'identificazione dei resti in presenza delle autorità. Controlla l'iter di ogni fascicolo di indagine, incontra i procuratori e segue puntualmente il processo di identificazione di ognuno dei corpi recuperati nelle fosse clandestine, annotando tutti i dettagli. «Se ritroviamo una persona con una placca ortopedica in un braccio o in una gamba, chiediamo alla Procura che facciano più rapidamente un controllo incrociato del DNA con le persone registrate, dalla cui scheda risulta la stessa caratteristica, in modo da poter andare a esclusione. Posso farlo io stessa; considera che dici: "questa persona aveva una placca ortopedica nella gamba sinistra". In questo modo non si perde tempo a richiedere e ricevere i risultati del confronto genetico e arrivare all'identificazione», spiega in un'intervista.

Grazie a questo lavoro di controllo, lei è in grado di fare pressione affinché i processi di identificazione non durino un'eternità. «Ormai sappiamo che in molti casi, quando delle persone vengono ritrovate solo ossa, ci possono volere fino a sei mesi per l'identificazione, è molto difficile; in questo modo, si accelera il processo».

Il suo lavoro consiste anche nel registrare ogni dato su quali cadaveri restano in obitorio, quali sono stati mandati nelle fosse comuni o sono rimasti nelle sedi delle pompe funebri perché le autorità dicono di avere carenze di spazio e personale.

La rapidità nei processi di indagine è difficile da ottenere in uno Stato in cui appena sedici agenti della Procura, specializzati nella ricerca, devono restituire l'identità a quasi 5mila persone scomparse. I prelievi genetici richiesti per l'identificazione dei cadaveri possono essere eseguiti unicamente nel laboratorio di genetica forense della Procura Generale di Stato, a Culiacán, la capitale dello Stato di Sinaloa – a tre ore da Los Mochis – dove, negli ultimi quattro anni, sono stati prelevati ottocentottanta campioni da corpi di persone non identificate: un quarto di questi corrisponde ai ritrovamenti de *Las Rastreadoras*.

Nonostante la ricerca cominci sul campo, continua presso gli uffici, nel momento dell'identificazione genetica, quando *Las Rastreadoras* passano la staffetta alla Procura.

Nel luglio del 2017, Mirna Medina seguì l'indicazione ricevuta in un messaggio anonimo, fino al ritrovamento delle ossa di un braccio.

Si trattava di un omero, un'ulna e un radio, semi-sepolti assieme a confezioni di accessori per auto, gli stessi che vendeva suo figlio – Roberto Corrales Medina – il pomeriggio in cui fu fatto sparire. Un mese dopo, con i campioni genetici, gli esperti forensi della Procura Generale dello Stato di Sinaloa confermarono l'identità: quei resti recuperati erano di Roberto.

«Dal pomeriggio in cui mio figlio scomparve, mi sono dedicata a cercarlo: gli feci quella promessa che l'avrei cercato fino a ritrovarlo, e così è stato. Io e le mie compagne abbiamo recuperato i suoi resti in una fossa... alcuni dei resti, perché gli altri ancora mancano», racconta questa donna forte.

Roberto vendeva CD, penne USB con musica regionale, e accessori per auto. Il pomeriggio del 14 luglio del 2014, degli uomini lo portarono via, lo uccisero e lo sotterrarono in una fossa clandestina. Una settimana dopo la scomparsa, Mirna giurò a se stessa che l'avrebbe ritrovato, non importava come. Fece domande a El Fuerte, La Constancia, San Blas e Mochicahui, paesini lungo una strada statale che Roberto conosceva, ma non trovò neanche un'informazione. Andò in Procura, dove aprirono un fascicolo di indagine col suo nome, i suoi segni particolari e il resoconto dell'ultima volta in cui fu visto.

Nella ricerca, Mirna conobbe altre donne che a loro volta avevano figli, figlie, mariti o fratelli scomparsi.

Parlarono, si ascoltarono a vicenda, piansero insieme, mentre parlavano dei loro casi; due mesi dopo, il 12 settembre 2014, fondarono il *colectivo*. Partirono a *rastrear*, guidate dall'istinto, con vanghe, picconi e lunghi tondini in ferro, senza alcun risultato, fino a quando cominciarono a ricevere telefonate da parte di informatori anonimi che le condussero fino alle tombe clandestine. Dopo aver scavato la prima, non si sono più fermate.

In sei anni di ricerca instancabile, *Las Rastreadoras* di El Fuerte hanno trovato più di duecento cadaveri e sono riuscite a identificare più di ottanta persone, grazie a questo archivio creato con dati riportati sui taccuini, dossier su ogni *desaparecido* e l'hard disk di un computer.

Nell'ufficio de *Las Rastreadoras* non ci sono solo le foto e le schede dei *desaparecidos*, c'è anche appesa una coperta con i volti delle persone ritrovate. Lì c'è quello di Roberto Corrales Medina, figlio di Mirna, quello di Alejandro López Serna, figlio di Reyna Serna, quello di Belisario

Quintero Medina, un ragazzo di Chihuahua, figlio di Don Belisario Quintero. Quello di Ernesto Vega Robles, figlio della signora Rosario Robles. Tutti loro sono stati ritrovati in fosse e recuperati dalle madri. Con le fotografie dei figli ritrovati fanno coraggio alle altre *Rastreadoras*, siano esse veterane o appena arrivate nell'organizzazione, affinché continuino a cercare in uno Stato in cui le persone non ricompaiono, e solamente *colectivos* come questo sono riusciti a trovare, identificare e restituire alcune di loro alle famiglie.

Sono più di cinquanta i volti che fanno parte di una lapide commemorativa in onore di ognuno dei «tesori» ritrovati. Collocare lì le fotografie è anche il segnale che permette di cambiare la maglia, indossarne una di colore verde, in cui si legge:

«Promessa mantenuta».

5
Un passo dopo l'altro

di Julia Varley

Vestita di bianco, con un cappello colorato in testa, Teresa si addentra nel labirinto. La seguiamo. Ci accompagna il suono dei flauti e dei tamburi della musica andina. I compagni di Teresa, del gruppo di teatro Yuyachkani suonano dall'esterno; i loro visi coperti da enormi copricapi di piume. Ognuno di noi ha in mano dei rami di fiori, che depositiamo man mano lungo il percorso. Percorriamo un labirinto di pietre, al cui centro si trova «L'occhio che piange», una scultura a forma di occhio da cui fuoriesce un rivolo ininterrotto di acqua. Il labirinto si trova in un parco al centro di Lima, in Perù. È una delle tante iniziative in onore delle vittime, in loro memoria.

Entrando, il mio sguardo si fissa verso il basso: accanto al tracciato dove cammino, ci sono centinaia di migliaia di pietre appoggiate ordinatamente una accanto all'altra, leggermente sovrapposte. Vi è una pietra per ogni morto, vittima della guerra fra l'esercito peruviano e Sendero Luminoso, durata più di vent'anni e finita nel 2000. Alcune pietre recano inciso il nome di una persona, l'età, e l'anno in cui è morta; altre pietre sono lisce, in attesa di ricevere un nome. Con lo sguardo abbassato, continuo a camminare, attanagliata dall'angoscia e da un senso di impotenza. Penso al giorno in cui, qualche mese prima, ho camminato per i campi vicino a Phnom Penh, dove, assieme alle ossa umane, la terra faceva riapparire i vestiti delle migliaia e migliaia di cambogiani eliminati dai Khmer Rossi. Che fare? Che dire? Sembra che non ci sia risposta alle terribili perversioni della storia umana, che sa solo ripetersi. Come combattere questo male comune che affratella paesi così distanti fra loro?

Davanti a me Teresa avanza, mi seguono molte altre donne che Yuyachkani ha riunito a Lima per un incontro di teatro. Il percorso è lungo e tortuoso. Avanziamo piano, in silenzio, con un ritmo dettato da pensieri pesanti. Dopo circa quaranta minuti, arrivo alla scultura nel centro, a *L'occhio che piange*. Lo scruto a lungo, cercando di capire. Poi, dobbiamo seguire all'inverso tutto lo stesso tragitto, per uscire. Le pietre lungo il tracciato sono ora nella direzione opposta e non si possono più leggere le iscrizioni. Il mio sguardo si alza automaticamente, e con lo sguardo anche la testa si solleva, e seguendo la testa il mio corpo si pone eretto e riprende energia. Il ritmo dei miei passi aumenta. La distanza da percorrere, e il semplice obbligo di mettere un piede davanti all'altro, di dover proseguire per raggiungere l'uscita, cambiano l'atteggiamento del mio corpo. Ricomincio a vedere in alto, davanti, fuori, a pensare al futuro. Ecco cosa possiamo e dobbiamo fare: persistere a camminare. È il camminare che decide.

Sono in Messico mentre leggo i testi di questo libro e le testimonianze mi fanno pensare all'esperienza del labirinto al cui centro c'è *L'occhio che piange*. Ognuna delle giornaliste, delle *Rastreadoras*, delle madri impegnate nella ricerca dei propri familiari spariti in Messico, mi ricorda che dobbiamo continuare a mettere un passo dopo l'altro nonostante la disperazione e la costernazione, la rabbia e la frustrazione, il senso di impotenza e di abbandono, il dolore infinito e la voglia di rinunciare.

Le giornaliste si chiedono cosa possono fare che non avevano fatto prima, si sentono «accecate dalle cifre, incapaci di guardare oltre il conteggio infernale, annientate dal fatto che ogni fossa implicava la perdita di vite». Eppure, continuano le loro ricerche e il loro appoggio ai familiari. Leggo che 84 giornaliste fanno parte di una rete, e che far parte della rete le aiuta ad affrontare, giorno per giorno, il loro impegno. Leggo che «secondo l'associazione *Artículo 19*, durante gli ultimi due decenni, nel paese sono stati assassinati almeno 163 giornalisti e 24 sono scomparsi, trasformando così il Messico in uno dei paesi più pericolosi al mondo in cui esercitare questa professione».

Ogni giorno, andando dalla casa dove sono ospitata a Città del Messico al teatro, vedo per strada muri coperti di cartelli con le fotografie di persone sparite. Sono molte. E aumentano. Ormai fanno parte del panorama «normale» della città. Com'è possibile che il crimine, la tortura, la corruzione, la crudeltà, siano diventati «normali»? A chi o a cosa serve questo terrore? Possibile che il desiderio di mantenere il potere e la voglia di guadagnare economicamente porti a tanto?

Coloro che hanno lasciato qui la propria testimonianza non perdono tempo a cercare risposte a queste domande. Hanno troppo da fare. Raccontano solo la lotta e l'operato di persone anonime, alla ricerca dei propri cari, alla ricerca di un corpo da seppellire o di un osso umano da riconoscere. Possono immaginare perché i loro cari siano stati ammazzati o chi sia colpevole, ma la loro attenzione è concentrata a lottare attivamente, giorno per giorno, contro l'indifferenza istituzionale, e a mantenere un equilibrio mentale in un mondo che sembra aver perso la coscienza del valore della vita umana.

Mirna Nereyda, attivista de *Las Rastreadoras* di El Fuerte, nello Stato di Sinaloa, dice alle giornaliste: «Con voi ci sentiamo protette, adesso sappiamo che c'è qualcun altro che cerca, esattamente come noi, e questo per noi è importantissimo». Sapere di non essere sole contribuisce a trovare la forza di andare avanti, un passo dopo l'altro.

Ho lavorato in teatro come regista di spettacoli che affrontavano temi legati ai *desaparecidos* in diverse parti del mondo. *Semillas de memoria* con Ana Woolf in Argentina; *Tierra de fuego* con Carolina Pizarro in Cile; *Anónimas* con Amaranta Osorio e Teresa García Herranz in Messico, Colombia e Spagna. Ogni volta, avevo bisogno di ricostruire la presenza e la vita, per poi poter sottolineare il dramma che attanaglia tante comunità. Le Madri di Plaza de Mayo a Buenos Aires, camminando in circolo ogni giovedì, mi sussurravano: «*Son nuestros hijos que nos han parido*» (sono i nostri figli che ci hanno partorito).

Dal libro vengo a sapere che gli allievi dei corsi di tecnica forense sono per la maggior parte donne. «Non sono antropologhe forensi. Molte di loro erano casalinghe fino a quando sono dovute andare a cercare uno o più familiari scomparsi, come ormai è pratica comune in Messico, dove non c'è traccia di migliaia di persone disperse. Terminata la lezione, passeranno dalla teoria al lavoro sul campo, dove cercheranno fosse clandestine reali». Sono donne anonime, che vogliono cambiare il corso della storia.

Tra i punti di partenza per lo spettacolo *Anónimas* c'è stata la realtà degli innumerevoli femminicidi alla frontiera fra il Messico e gli Stati Uniti. La prima improvvisazione aveva come tema le voci silenziate delle giovani donne scomparse nel deserto. Lo spettacolo presenta storie di donne, in poche frasi, per indicare dei destini. Sono donne anonime perché non vengono dati loro né voce, né volto nella storia; perché non erano riconosciute, perché sono diventate cifre, numeri, statistiche. Questo libro dà nome e volto a tante donne anonime che lavorano in situazioni di emarginazione sociale, mettendo un passo dopo l'altro, credendo in valori come la giustizia, la libertà, il diritto al pane e all'acqua, a una terra da coltivare, a tutto ciò che il mondo in cui viviamo sembra aver dimenticato.

A ognuna di queste donne anonime vorrei dare un abbraccio e un sorriso, per sottolineare che, nonostante le lacrime, le loro voci contano.

Nota della traduttrice

È risaputo, non solo per coloro che svolgono questa professione, che ogni traduzione ponga innumerevoli sfide nel momento in cui si persegue l'obiettivo di trasferire correttamente il senso del testo originale nella lingua di destinazione, tenendo conto della finalità prevista – se conosciuta – e che, per lo stesso motivo, ogni singolo lavoro abbia caratteristiche specifiche, come il passaggio da Cultura a Cultura che ogni traduzione implica, secondo la combinazione linguistica. Di certo, come traduttori, siamo abituati a «sentire il peso» delle parole, come se maneggiassimo fisicamente – e soppesassimo – ogni singolo termine, nella nostra ricerca costante dell'equivalenza.

Le parole: per molti, quanto di più astratto, incorporeo ed effimero esista.

Se c'è una valida sintesi del lavoro di traduzione – impresa antichissima, eppure sistematizzata in disciplina di studi teorici solo da pochi decenni – è che si tratta di una serie di decisioni che siamo chiamati a prendere, scegliendo tra varianti di gran lunga più numerose, delle quali non rimane traccia. Decisioni private, di cui sentiamo tutta la responsabilità.

Non è scontato, tuttavia, neanche per chi svolge la professione da decenni, che quanto si traduce sia così importante, stia talmente a cuore, che il «peso» non sia solo di ordinaria responsabilità professionale, etica, stilistica, ma che incida, in maniera invisibile, nella «grammatura» di ogni singola scelta, di ogni singola decisione.

Nel caso di questo testo, la volontà di rispettare il più possibile il carattere di immediatezza, spontaneità, autenticità, non ha bisogno di essere ricondotta alle norme del mestiere, così come non risponde solo all'intermodalità con cui questo racconto arriva, cioè dalle lunghe conversazioni registrate sul campo da giornalisti che hanno accompagnato i podcast sul web con alcuni resoconti scritti. Tantomeno la volontà corrisponde solo alla fedeltà di registro di questi parlanti dello spagnolo di varietà messicana che condividono pensieri mentre agiscono in comune, perché in comune hanno tragedie che li uniscono oltre le parole.

Nel caso di queste «voci», le parole sono quanto di più intimo e corporeo queste persone abbiano. Non riguarda semplicemente il loro parlare di «corpi», e solo in un paio di momenti di «cadaveri» – piuttosto, di «tesori», «resti», «amati», «cari» – mentre declinano fino all'impossibile – non solo per il verbo utilizzato in modo transitivo – la «scomparsa», gli «scomparsi», le «sparizioni», o fanno del *rastreo*, dell'azione del *rastrear*, molto più fisica del «tracciamento», la loro ragione di vita. Come si potrebbe non lasciarlo in spagnolo, quando la fisicità, la fatica fisica dell'impresa diventa il nome del *grupo de rastreo*, de *Las Rastreadoras*?

Non è solo una questione di rispetto affidato al lasciare in originale alcuni termini. La decisione, nella traduzione, in questo caso deriva dalla certezza che serva un viaggio per il lettore.

Il viaggio non tocca solo il fascino delle tradizioni locali, come la danza aerea sul *palo de los voladores* di Papantla o il bagno rituale *Temazcal* della comunità indigena del Cherán con cui gli attivisti – che in quell'area hanno visto compagni uccisi – chiedono protezione per le loro spedizioni. E se si sceglie la semplificazione, con la traduzione dei quotidiani *tianguís* e degli *abarrotes*, viceversa, solo l'uso di note può accompagnare nomi propri di realtà complesse che diventano un caso conosciuto in tutto il mondo proprio con il termine messicano, come le ampiamente discusse *maquiladoras*.

Serve trovarsi sulle «alture», perché i *cerros* su cui queste persone scavano sono sia «colline» che «montagne»; e se lì utilizzano «lunghi tondini di ferro dell'edilizia» è perché le *varillas* sono proprio quello, a cui madri, fratelli, familiari di scomparsi hanno aggiunto un manico, rendendoli «a forma di "T"» per poterli conficcare a fondo, ripetutamente, nel terreno, senza ferirsi le mani, e affidare all'olfatto la decisione se scavare o meno in quel punto, quindi il risultato dell'intera operazione su un'area, dunque l'esito di ogni singola spedizione esplorativa.

Il viaggio che serve ai lettori – e i traduttori sono anche i primi lettori – non è fatto solo di alcuni termini lasciati volutamente in originale o di intere perifrasi necessarie quando nell'altra cultura non ne esiste uno singolo corrispondente. Le consuetudini sono spesso date dalle esigenze, e nella nostra realtà si ha la fortuna di non dover costruire attrezzi per queste necessità. Il viaggio che serve al lettore è anche quello semplicemente geografico. La vastità del Messico, sconosciuta ai più, nel testo italiano è suggerita dalla scelta di aggiungere «lo Stato di», quando si parla di Sinaloa, Guerrero, «Morelos,

Querétaro, Michoacán o Jalisco», non solo per ovviare agli aggettivi originali, a noi non familiari, quali *guerrerense*, *sinaloense*, *queretano*, *poblana*, o per distinguere lo Stato del Messico, uno dei trentuno della Federazione omonima, oltre quello che fino a pochi anni fa era conosciuto come il «Distretto federale» con la capitale. L'estensione, a molti sconosciuta, di quei territori corrisponde alla vastità del fenomeno dei *desaparecidos* messicani, della necessità di questi *colectivos* di loro familiari che fanno rete tra loro, che presentano richieste alle Procure Statali, che cercano il sostegno di grandi organizzazioni umanitarie, che seguono quei pochi procedimenti che magari raggiungono le Corti Federali.

E se i nomi che i gruppi di attivisti hanno scelto, le istituzioni citate, i corsi e titoli di studio sono comprensibili in originale e possono seguire le norme traduttive, la necessaria «normalizzazione» nella resa di alcuni termini utilizzati nello spagnolo non rivela lo spudorato calco dall'inglese americano che connota l'originale e fa riflettere, perché perfino oltre le notizie è più eloquente e significativo di quanto sia profondo il rapporto tra la popolazione messicana e gli Stati Uniti. Quando il calco non riguarda solo la terminologia degli studi di Antropologia forense, di Psicologia per il sostegno alle vittime, o perfino il nome dei luoghi preposti – e dunque delle nuove consuetudini – in cui i defunti riposano in attesa dei funerali, bensì parole meno connotate ma utilizzate lungo tutto il testo, quali «*cobertura*» da «*coverage*», «*agenda*», nel senso inglese, o perfino il «*diario de campo*» e «*patrones*» da «*field diary*» e «*patterns*», le sfumature del viaggio, nella traduzione, sono meno evidenti di quanto riempie l'intero racconto, attraverso l'azione più importante, volutamente lasciata in originale, in modo da accompagnare *las* (*familias*) *buscadoras*, il *buscador* di Huitzuco (Mario Vergara), la *Brigada Nacional de Búsqueda* nella loro, appunto, ricerca. Sentendone tutto il peso.

M.F.

Note

1 Fabio Basile, Nando dalla Chiesa, *Messico: così lontano, così vicino*, in «Rivista di Studi e Ricerche sulla Criminalità Organizzata», vol. VIII, n. 3, 2022, pp. 6-20.

2 Nando dalla Chiesa, *Gli scenari internazionali della criminalità organizzata. Lineamenti teorici e di ricerca*, in Nando dalla Chiesa (a cura di), *Mafia globale*, Laurana, Milano 2017, pp. 7-55.

3 Si veda tra l'altro *Peace Brigades Internacional. Brigadas Internacionales de Paz*. Progetto Messico, *Dignas. La lotta delle donne messicane per i diritti umani*, México 2012.

4 L'espressione viene attribuita a Porfirio Díaz, celebre presidente del Messico tra fine Ottocento e il primo decennio del Novecento, anche se la questione è controversa. È diventata famosa per la sua efficacia grazie al libro di Alan Riding, *Distant Neighbors*, Vintage Book, Knopf, New York 1984.

5 Si veda la pagina dell'organizzazione internazionale che difende la libertà di espressione e il diritto all'informazione: *https://articulo19.org/periodistasasesinados*.

6 Anabel Hernández, *La terra dei Narcos. Inchiesta sui signori della droga*, Mondadori, Milano 2010; Thomas Aureliani, *Tra narcos e Stato. Le forme della resistenza civile in Messico*, in «Rivista di Studi e Ricerche sulla Criminalità Organizzata», vol. II, n. 1, 2016, pp. 61-95.

7 Esemplare negli ultimi anni è stato il caso, particolarmente vivo nella narrazione pubblica, anche cinematografica, di Lea Garofalo. Si veda Marika Demaria, *La scelta di Lea*, Melampo, Milano 2013.

8 Saverio Lodato, *Quarant'anni di mafia. Storia di una guerra infinita*, Rizzoli, Milano 2012.

9 Giuseppe Pipitone, *Il caso De Mauro. Così scompare un giornalista*, Eir, Roma 2012.

10 Giovanni Falcone, *Cose di Cosa Nostra*, Rizzoli, Milano 1991, cap. I (in collaborazione con Marcelle Padovani).

11 Guido Olimpio, *Messico choc, vendetta narcos: in nove impiccati a un ponte*, in «Corriere della Sera», 5 maggio 2012.

12 Thomas Aureliani, *Vivi li rivogliamo! La mobilitazione dei familiari dei desaparecidos in Messico*, Meltemi, Milano 2022.

13 Felicia Bartolotta Impastato, *La mafia in casa mia*, Di Girolamo, Trapani 1986 (con Anna Puglisi e Umberto Santino); si veda anche il film *Felicia Impastato*, diretto da Gianfranco Albano, 2016.

14 Carlo Levi, *Le parole sono pietre*, Einaudi, Torino 1955; Nando dalla Chiesa, *Le ribelli*, Melampo, Milano 2006 (nuova edizione Solferino, Milano 2024).

15 Thomas Aureliani, *Vivi li rivogliamo!*, cit.

16 Il master di giornalismo «Walter Tobagi» organizzato presso lo stesso ateneo milanese non prevede ad esempio neanche una lezione sul fenomeno mafioso, che pur condiziona da decenni la storia nazionale italiana, generando rami specifici di giornalismo di inchiesta.

17 Si veda Marcela Turati, *Fuoco incrociato. Le vittime della guerra contro i narcos*, Edizioni Forme Libere, Baselga del Bondone (Tn) 2022.

18 La Cattedra, istituita con finanziamento delle Nazioni Unite, è adesso incardinata nell'Istituto Messicano per la Giustizia (IMJUS) a Città del Messico, ed è diretta dal 2019 da Nando dalla Chiesa.

19 Zone industriali con regimi fiscali speciali per investitori stranieri, nei cui stabilimenti la manodopera trasforma o assembla materiali importati temporaneamente e destinati a mercati esteri. Sono tipiche del nord del Messico, al confine con gli Stati Uniti, spesso discusse per l'impiego di manodopera femminile a basso costo.

20 *Las escuelas normales rurales* sono state create dal governo messicano a partire dagli anni Venti del secolo scorso, in cui studenti provenienti dalle comunità contadine ricevono la formazione per diventare maestri di scuola per le aree rurali.

21 Per un'analisi sulla *desaparición forzada* si veda: Federico Mastrogiovanni, *Ni vivos ni muertos. La desaparición forzada en México como estrategia de terror*, Grijalbo, Ciudad de México 2014.

22 Gli altri collaboratori sono: Juan Carlos Solís, Alejandra Xanic, Ignacio Rodríguez Reyna, Gilberto Lastra, Mayra Torres, Pedro Zamora, Carlos Juárez, Carlos Quintero, Rodrigo Caballero, Mónica González Islas, Pedro Pardo, Félix Márquez, Queso, Rafael del Río, Ruth Muñiz, Ana Ivonne Cedillo, Gabriela de la Rosa, Sandra Ley.

23 Appellativo dato al criminale Santiago Meza López, arrestato nel 2009, accusato di aver sciolto nell'acido circa 300

corpi su incarico di una banda legata al cartello di Sinaloa. Deriva da *Pozole*, una zuppa messicana a base di brodo di carne di maiale e mais.

24 Un'analisi approfondita sui femminicidi a Ciudad Juárez si trova in: Julia Estela Monárrez Fragoso, *Trama de una injusticia. Feminicidio sexual sistémico en Ciudad Juárez*, Edición Miguel Ángel Porrúa, 2009. Si veda anche lo studio di Rita Laura Segato, *La guerra contra las mujeres*, Edición Traficantes de Sueños, Diciembre, 2016.

25 Nel 1992 l'accordo nordamericano di libero scambio (NAFTA) ha consentito l'insediamento a Ciudad Juárez di insediamenti industriali di capitale americano (*maquilas*) che hanno attirato le popolazioni rurali in cerca di opportunità di lavoro, in particolare le donne a basso reddito.

26 Alessandro Scotti è stato nominato Goodwill Ambassador delle Nazioni Unite nel 2005. Ha dedicato otto anni di lavoro per realizzare il progetto «*De Narcoticis*», ripercorrendo le rotte della droga nel mondo fra produzione e traffico. Ha pubblicato il volume *Narcotica*, Isbn Edizioni, Milano 2012.

27 Come evidenziato dalla «teoria delle finestre rotte», paura, disordine e criminalità si influenzavano reciprocamente. In un articolo apparso nel 1982, i criminologi James Wilson e George Kelling hanno teorizzato che la violenza delle norme sociali condivise produce un aumento del degrado e della percezione di insicurezza dello spazio pubblico. Si veda: J.Q. Wilson, G.L. Kelling, *Broken Windows. The Police and Neighbourhood Safety*, in «*Atlantic Monthly*», March, 1982.

28 La notte del 26 settembre 2014, un gruppo criminale sequestrò e fece sparire nel nulla quarantatré studenti della

«*Escuela Normal Rural*» di Ayotzinapa, nello Stato di Guerrero. La scuola rappresenta una grande opportunità per le aree rurali, perché offre alloggi e cibo per gli studenti poveri che puntano ad avere la formazione necessaria per l'insegnamento nelle aree rurali e indigene della regione. I quarantatré studenti sono diventati un simbolo di ingiustizia per migliaia di innocenti scomparsi nel corso della cosiddetta «guerra contro la droga» che ha svelato, nell'intero Messico, una rete di complicità e di corruzione in tutti i livelli degli apparati di governo. Dopo una lunga catena di indagini, depistaggi e arresti, nell'agosto del 2022 il governo messicano ha ammesso che la scomparsa degli studenti è stato un «crimine di Stato», realizzato con la complicità di membri del gruppo criminale «*Guerreros Unidos*» e di agenti di polizia di diverse istituzioni pubbliche statali. Sono stati emessi 83 ordini di cattura contro 20 comandanti militari e soldati dell'esercito, nonché 5 autorità amministrative e giudiziarie dello Stato di Guerrero; 34 agenti di polizia e 14 membri del gruppo criminale «*Guerreros Unido*s». L'Agenzia delle Nazioni Unite per i diritti Umani ha dichiarato che «A otto anni di distanza dai fatti, e con i progressi compiuti dall'attuale amministrazione, è urgente rompere gli ostacoli strutturali che persistono nella Procura e nell'esercito per scoprire la verità su quanto accaduto e per ottenere giustizia. L'unico modo per porre fine alla collusione criminale tra autorità e attori non statali, nonché per rompere i patti di impunità e silenzio che persistono, è lanciare un messaggio forte di responsabilità per gli atti di intralcio alla giustizia, salvaguardando le garanzie dei procedimenti di tutte le persone coinvolte» (*https://hchr.org.mx/multimedia/ayotzinapa-8-anos*).

29 Il *Temazcal* è una cerimonia curativa per la purificazione del corpo praticata ancora oggi nelle culture indigene del Centro America.

30 È possibile consultare la mappa interattiva al seguente link: *https://data.adondevanlosdesaparecidos.org*.

31 La «giustizia transizionale» ha trovato applicazione in molti paesi dell'America Latina in cui, negli anni Ottanta, si è passati da uno scenario istituzionale in cui i diritti fondamentali venivano negati o violati, a uno stato di diritto in cui essi sono stati riconosciuti. In queste realtà si è consolidata oggi la pratica della giustizia restaurativa, che affronta il reato come processo sociale che deve essere «riparato» con la partecipazione di tutte le parti in causa: vittima, offensore e comunità.

32 In Messico esistono due diversi sistemi giudiziari: quello federale e quello delle diverse entità federative. La totale dipendenza di questi sistemi dal potere esecutivo ha portato a un'eccessiva politicizzazione della funzione giudiziaria. La magistratura federale è caratterizzata inoltre da un nepotismo che mortifica l'accesso meritocratico alla carriera e favorisce la corruzione. A livello statale, sono molto frequenti i casi di magistrati che svolgono le loro funzioni sotto le direttive dei governatori, dei sindaci e di interessi dei gruppi criminali.

33 Javier Sicilia è un poeta e attivista sociale messicano. Nel 2011 ha fondato il «*Movimiento por la Paz con Justicia y Dignidad*» per rivendicare i diritti delle vittime della violenza e opporsi alla logica della «guerra contro la droga». Il Movimento venne fondato un mese dopo l'assassinio del figlio di Javier Sicilia, Juan Francisco. Il primo atto fu la «Marcia della pace, giustizia e dignità» che attraversò il paese e si concluse a Ciudad Juárez con la formulazione di un «Patto nazionale contro l'insicurezza». Per un approfondimento: Javier Sicilia, *El deshabitado*, Penguin Random House, México 2016; Javier Sicilia, *El fondo de la noche*, Literatura Mondadori, México 2012.

34 Nel 2013, la Camera dei Deputati del Messico ha promulgato la «*Ley general de víctimas*» obbligando, per la prima volta, «le autorità di tutti i livelli di governo e i loro poteri costituzionali a fornire aiuto, assistenza o riparazione completa alle vittime». La legge, inoltre, ha riconosciuto per le vittime di reati e violazioni dei diritti umani, in particolare: il diritto all'assistenza, alla protezione, all'attenzione, alla verità, alla giustizia, al risarcimento integrale e tutti gli altri diritti sanciti nella Costituzione e nei trattati internazionali di cui lo Stato messicano è parte. La legge è stata riformata nell'aprile del 2022 con importanti miglioramenti a favore delle vittime.

35 La cerimonia rituale dei *voladores* è una danza eseguita da vari gruppi etnici dell'America Centrale, in particolare i *totonacos* dello Stato di Veracruz. Un gruppo di cinque uomini-uccello, o «volatori», si arrampica su un palo alto circa trenta metri, quattro di loro si legano una corda alla vita e si lanciano a capofitto nel vuoto con le braccia aperte, girando attorno al palo. Il quinto membro rimane in cima al palo e suona musica indigena con strumenti di legno artigianali. Il flauto rappresenta il canto degli uccelli e il tamburo la voce degli dei. Ogni volatore gira tredici volte, una cifra che moltiplicata per i quattro volatori dà il numero cinquantadue. Secondo i calendari preispanici ogni cinquantadue anni si compie un ciclo solare, dopodiché nasce un nuovo sole e la vita.

36 Questo testo fa parte della serie «*Camino a encontrarles: Historias de búsquedas*», un progetto di podcast e reportage scritti e co-prodotti da «*A dónde van los desaparecidos*», IMER noticias y Quinto Elemento Lab.

37 La «*Secretaría de Educación publica*» (SEP) è l'autorità statale che ha il compito di pianificare e dirigere i servizi di istruzione degli studenti e la formazione professionale dei docenti.

38 Javier Valdez Cárdenas è uno dei più noti giornalisti e scrittori messicani, impegnati nel giornalismo investigativo su crimine organizzato, droga e corruzione. È stato assassinato a Culiacán il 17 maggio del 2017. Tra i suoi libri più noti: *Los morros del Narco. Historias reales de niños y jóvenes en el narcotráfico mexicano*, Edit. Aguilar, 2007; *Huérfanos del narcos. Los olvidados de la guerra al narcotráfico*, Edit. Aguilar, 2015. Il 22 novembre 2011, Javier Valdez, ricevendo l'International Press Freedom Award, nel suo discorso di ringraziamento, dichiarò: «Ho raccontato la tragedia che vive il Messico e che ci dovrà fare vergognare. I bambini ricorderanno questi tempi come tempi di guerra; avranno il codice genetico tatuato da pallottole, fucili e sangue. Questo è un modo per uccidere il domani. Siamo assassini del nostro stesso futuro».

Biografie degli autori

Aranzazú Ayala Martínez

Giornalista specializzata in diritti umani, movimenti sociali, difesa del territorio e violenza di genere. Attualmente è reporter del gruppo di giornalismo investigativo *A dónde van los desaparecidos* e responsabile dell'area formazione della «Rete dei giornalisti specializzati nel seguire la sparizione di persone». Ha lavorato per «Lado B» e «Animal Político» e ha collaborato con «Newsweek» e «Mongabay».

Nando dalla Chiesa

Professore ordinario di Sociologia della criminalità organizzata all'Università degli Studi di Milano. Presidente onorario dell'associazione Libera e presidente della Scuola di formazione Antonino Caponnetto, ha scritto numerosi libri di analisi e denuncia del fenomeno mafioso. Ha pubblicato, tra gli altri, *Delitto imperfetto. Il generale, la mafia, la società italiana* (1984, 2007), *Il giudice ragazzino* (1997), *La legalità è un sentimento* (2023). Con Solferino ha curato *Ostinati e contrari* di Giovanni Falcone e Paolo Borsellino (2022), recentemente tradotto in Messico.

Claudio La Camera

Consulente in programmi di educazione alla legalità e di cooperazione internazionale. Per le Nazioni Unite ha coordinato programmi di prevenzione del crimine organizzato in America Latina, Africa ed Europa. In Messico ha diretto progetti di ricerca sulle cause della violenza a Ciudad Juárez e nello Stato di Guerrero; è stato punto focale per l'Italia per lo scambio delle buone pratiche di giustizia riparativa e la gestione dei beni sequestrati e confiscati alle mafie. Collaboratore del quotidiano «Taz.die tageszeitung» di Berlino, ha pubblicato libri e saggi tradotti in tutto il mondo.

Marcela Turati

Giornalista specializzata in diritti umani che si occupa di sparizioni di persone dal 2000, cofondatrice del gruppo *Quinto Elemento Lab* e coordinatrice del progetto *A dónde van los desaparecidos*. Fa parte della lista dei cento giornalisti più influenti che si occupano di conflitti armati nel mondo, pubblicata da *Action on Armed Violence*. Autrice di libri e saggi, di recente ha scritto *San Fernando: última parada. Viaje al crimen autorizado en Tamaulipas* (2023).

Julia Varley

Attrice dell'Odin Teatret, conosciuta per il suo lavoro vocale e per il suo impegno per l'affermazione delle donne di teatro con la rete *Magdalena Project*. È direttrice artistica del Festival Internazionale Transit, dedicato alle donne che lavorano in teatro. Ha pubblicato: *Vento ad Ovest*, *Pietre d'acqua* e *Un'attrice tra i suoi personaggi*. Nel 2020, insieme a Eugenio Barba, ha costituito la Fondazione Barba Varley, con l'obiettivo di promuovere la formazione e sostenere artisti in situazioni di svantaggio.

Marcos Vizcarra

Reporter dello Stato messicano di Sinaloa, specializzato in diritti umani e membro del progetto *A dónde van los desaparecidos*. Scrive sulla rivista «Espejo» e sul quotidiano «Reforma». Vizcarra ha concentrato le sue ricerche sulle sparizioni forzate di civili messicani e sull'incapacità del governo di affrontare il problema in modo significativo.

Indice

Finito di stampare nel mese di maggio 2024
per conto di RCS MediaGroup S.p.A.
da Grafica Veneta S.p.A., Via Malcanton 2,
Trebaseleghe (PD)
Printed in Italy